André C. Wohlgemuth (Hrsg.)   Moderation in Organisationen

André C. Wohlgemuth (Hrsg.)

Moderation in Organisationen
Problemlösungsmethode für Führungsleute und Berater

2., unveränderte Auflage

Verlag Paul Haupt Bern · Stuttgart · Wien

1. Auflage: 1993

Die Deutsche Bibliothek – CIP-Einheitsaufnahme

Moderation in Organisationen :
Problemlösungsmethode für Führungsleute und Berater /
André C. Wohlgemuth (Hrsg.). –
2., unveränd. Aufl. –
Bern ; Stuttgart ; Wien : Haupt, 1995
ISBN 3-258-05174-7
NE: Wohlgemuth, André C. [Hrsg.]

Alle Rechte vorbehalten
Copyright © 1995 by Paul Haupt Berne
Jede Art der Vervielfältigung ohne Genehmigung des Verlages ist unzulässig
Dieses Papier ist umweltverträglich, weil chlorfrei hergestellt
Printed in Switzerland

Inhaltsübersicht

Inhaltsverzeichnis 7

Vorwort des Herausgebers 13

Albert Ziegler
Wer moderieren will, muss Mass nehmen und Mass geben:
Kulturgeschichtliche Hinweise zum heutigen Verständnis
der Moderation... 17

Bruno Krapf
Moderation und Macht - Überlegungen zur Bedeutung
der Macht in der Beratung 53

André C. Wohlgemuth
Die externe Moderation grundlegender Veränderungen
von Organisationen... 77

Jörg Fengler
Moderation aus der Sicht des Moderators.................... 97

Andreas Pieper
Teamentwicklung und Moderation als Führungsaufgaben 111

Christian Hirt
Moderation in Gruppen: Eine Literaturübersicht 129

Zu den Autoren 145

Inhaltsverzeichnis

Vorwort des Herausgebers 13

Albert Ziegler
Wer moderieren will, muss Mass nehmen und Mass geben:
Kulturgeschichtliche Hinweise zum heutigen Verständnis
der Moderation 17

1. Vom Modus des Masses zur Moderation am Fernsehen 19
   1.1 Vom Messen zum Mass-Stab 19
   1.2 Der Mensch - Mass aller Dinge? 22
   1.3 Das Mass - das Beste der Griechen 23
   1.4 Das Augenmass der Römer 24
   1.5 Die Mässigkeit der Mönche 25
   1.6 Die Mâze des mittelalterlichen Ritters 26
   1.7 Der mässigende Obere und der massvolle Fürst 27
   1.8 Der mittelmässige Bürger 28
   1.9 Die massvolle Wirtschaft 30
   1.10 Der unmässige Schwätzer 30
   1.11 Die Stunde der Moderation 30
   1.12 Die Stunde der Wahrheit 31
2. Was ist Moderation? 32
   2.1 Die dreifache Anwendung der Moderation:
       Lebensführung, Gesprächsführung,
       Organisationsführung 33
   2.2 Die dreifache Grundaufgabe der Moderation:
       Modalitäten für den "modus procendi" und
       den "modus vivendi" 35
   2.3 Die drei Grundeigenschaften des Moderators:
       massvoll, gemässigt, mässigend 38

3. Was muss der Moderator tun, damit er seiner Aufgabe gemäss handelt? ... 40
   3.1 Der Moderator: Dirigent - nicht Direktor ... 41
   3.2 Die Aufgabe des Moderators als Diskussionsleiter ... 41
   3.3 Die Aufgabe des Moderators als Berater im Unternehmen ... 44
4. Ergebnis: Massgebend ... 47
Literaturverzeichnis ... 49

Bruno Krapf
Moderation und Macht - Überlegungen zur Bedeutung der Macht in der Beratung ... 53

Vorbemerkungen ... 53
1. Das sozialethische Vorverständnis von Moderation ... 54
2. Macht als Beziehungsdefinition ... 54
3. Macht und Mächtigkeiten ... 55
   3.1 Macht und archaische Reflexe ... 58
   3.2 Das schlechte Alte und das gute Neue ... 60
   3.3 Die Illusion von der heilsamen Wirkung der Fehler ... 61
   3.4 Stabilität, Moderation und Veränderung ... 63
   3.5 Individuelle, interaktionelle und institutionelle Macht ... 65
4. Arbeitssequenzen im Rahmen einer Macht reflektierenden Moderation ... 68
   4.1 Beispiel 1: Den Wert des Alten erhalten ... 68
   4.2 Beispiel 2: Das mechanistische und das systemische Denkmuster ... 71
5. Die Beraterpersönlichkeit in der Beratung ... 73
Literaturverzeichnis ... 75

André C. Wohlgemuth
Die externe Moderation grundlegender Veränderungen
von Organisationen... 77

1. Der beschleunigte Veränderungstakt in Unternehmen
   und öffentlicher Verwaltung erhöht den Bedarf an
   Veränderungs-"Know-how" 77
2. Die Unternehmensberatung ist sowohl externe
   Ressource als auch "Katalysator" im Veränderungs-
   prozess... 82
3. Die Moderation des Neustrukturierungsprozesses ist
   eine komplexe Aufgabe.. 85
   3.1 Der "Faktor" Mensch und seine grosse Bedeutung
       für Veränderungen 85
   3.2 Erkenntnisse zur Prozessgestaltung und
       Unterstützungsmöglichkeiten des externen
       Moderators... 87
   3.3 Spezielle Hinweise für die Neustrukturierung......................... 92
   3.4 Hohe Anforderungen an die moderierende
       Person und an die Organisation 93
Literaturverzeichnis 95

Jörg Fengler
Moderation aus der Sicht des Moderators.. 97

1. Kontaktaufnahme... 97
2. Kontrakt... 99
3. Problemdiagnose und Arbeitsinteressen 100
4. Weiterer Verlauf 102
5. Nachfolgende Etappen der Moderation.. 104
6. Rollenwandel des Moderators/der Moderatorin 104
7. Schlussbemerkung 108
Literaturverzeichnis 109

Andreas Pieper
Teamentwicklung und Moderation als Führungsaufgaben 111

1. Ein neues Bild von Führung? 112
2. Warum Teamarbeit? 113
3. Was ist ein "Team"? 114
4. Was ist Teamentwicklung? 114
5. Phasen der Teamentwicklung 115
    5.1   Forming 115
    5.2   Storming 116
    5.3   Norming 116
    5.4   Performing 116
6. Gestaltung und Beeinflussung von Teamentwicklung 117
    6.1   Forming 118
    6.2   Storming 118
    6.3   Norming 119
    6.4   Performing 120
7. Team-Standortbestimmungen 121
8. Moderation als Führungsaufgabe 121
9. Aufgaben- bzw. Handlungsfelder der Moderation 122
    9.1   Moderationsrolle definieren und aufrecht erhalten (schützt vor undeutlichem Selbstverständnis und Autoritätskonflikten) 123
    9.2   Prozesssteuerung (schützt vor Strukturproblemen und thematischer Unklarheit) 124
    9.3   Impulse geben/Sacharbeit stimulieren (zur Bewältigung von methodischen Herausforderungen) 124
    9.4   Klärungshilfe leisten (um Belastungen und Störungen des sozialen Klimas im Team zu entschärfen) 125
    9.5   Sorgfältige Vorbereitung (schützt vor ungünstigen äusseren Bedingungen) 126

10. Ausbildung / allmähliches Hineinwachsen /
    Sich helfen lassen.. 126
Literaturverzeichnis 128

Christian Hirt
Moderation in Gruppen: Eine Literaturübersicht 129

1. Kommunikationsformen im Umbruch 129
2. Hintergründe und Entstehungskontext der Moderation 131
3. Die Ziele der Moderation 132
4. Die Moderationsmethode 133
   4.1   Der Moderator - die Moderatorin 134
   4.2   Moderationstechniken 137
   4.3   Der Moderationsprozess 138
   4.4   Aufgaben und Einsatzmöglichkeiten der
         Moderation 140
5. Moderation im Kontext von hierarchisch orientierten
   Arbeits- und Organisationsstrukturen 140
Literaturverzeichnis 142

Zu den Autoren.. 145

Vorwort des Herausgebers

Moderation in Zeiten des Umbruchs

In einer Welt, in der fast alles einem immer schnelleren Wandel unterworfen ist, in der viele Menschen die Verkürzung der Planungshorizonte als Verunsicherung und als "Gegenwartsschrumpfung" erleben, ist Moderation als Methode zur Bewältigung von Veränderungen mehr denn je gefragt. Moderation ist ein aktiver Prozess zwischen Menschen, der in der Arbeitswelt zwischen Führungskräften, Mitarbeitern, Kollegen und Externen stattfindet. Sowohl Unternehmen, öffentliche Verwaltungen wie auch Non-Profit-Organisationen erkennen zunehmend den Wert dieser vom Prinzip und in seiner theoretischen Begründung schon lange bekannten Interaktionsform. Gefordert von all diesen Institutionen und gefördert durch das Angebot der Unternehmensberatung, hat die Moderationsmethode einen hohen professionellen Entwicklungsstand erreicht.

Moderation erfährt zur Zeit allseits grosse Akzeptanz und ist eine wichtige Dimension der Führung sowie der Beratung geworden. Moderation wird u.a. als adäquate Methode zur Entwicklung zukunftsgerichteter Arbeits- und Kommunikationsformen gesehen. Sie unterstützt die Anstrengungen um sachliche, hierarchiefreie Zusammenfassung verschiedenster Wissens- und Erfahrungsfelder, was besonders bei komplexen Problemlösungsprozessen von entscheidender Bedeutung sein kann.

Die in diesem Buch gesammelten Aufsätze erlauben einerseits eine aktuelle Standortbestimmung, andererseits zielen sie als Ganzes auf die Weiterentwicklung des Erkenntnisstandes. Zur Verwirklichung des von uns skizzierten Konzeptes von einander sich ergänzenden Beiträgen konnten kompetente Autoren gewonnen werden, die sowohl die Grundlagen der Moderation als auch die wichtigsten Anwendungsfelder in Organisationen darstellen.

Mit seiner gründlichen Analyse erschliesst *Albert Ziegler* die Wurzeln des Begriffes Moderation und erhellt die damit verbundenen, ungeahnt vielfältigen philosophisch-philologischen Grundlagen. Er schlägt den Bogen seines reichen Wissens vom Modus des Masses bis zur Moderation am Fernsehen. Daraus erfolgt die Fokussierung auf die Hauptfragen, was Moderation ist, wer sich als Moderator(-persönlichkeit) eignet und was die Person, die moderiert, tun muss, damit sie aufgabengerecht handelt. Ziegler stellt schliesslich den Bezug zur Unternehmensberatung her und weist auch auf die Grenzen der Moderation hin, die er vor allem in der Persönlichkeit des moderierenden Individuums lokalisiert.

Ausgehend von der Annahme, dass Macht in jeder menschlichen Beziehung präsent ist, vertritt *Bruno Krapf* die These, dass bei der Moderation ebenfalls stets Macht mit im Spiel ist, auch wenn die Beteiligten sich dessen nicht bewusst sind. Er konzentriert sich auf die verschiedenen Aspekte der Macht in der Moderation und differenziert dabei äusserst anschaulich individuelle, interaktionelle und institutionelle Macht. Unter anderem wird das spannungsreiche Verhältnis zwischen Beharren und Verändern behandelt. Letztlich wird sichtbar, dass Moderation nur dort Sinn macht, wo Veränderungen nicht a priori verunmöglicht werden, sondern wo Neues wachsen darf, damit das Obsolete ersetzt werden kann. Krapf zeigt zudem auf, was die Beraterpersönlichkeit in der Moderation ausmacht. Mit den facettenreichen und grundsätzlichen Überlegungen in diesem Beitrag sollten sich nicht zuletzt alle Personen auseinandersetzen, die sich darum bemühen, ihre Moderationspraxis regelmässig zu reflektieren.

Ich selbst behandle in meinem Beitrag das vielschichtige und komplexe Thema "Wandel von und in Organisationen" primär aus der Sicht der externen Moderation. Ausgehend vom beschleunigten Veränderungstakt in Unternehmen und öffentlichen Institutionen sowie einer zunehmenden Professionalisierung des Veränderungs-Know-How, werden Einsatz und Unterstützungsmöglichkeiten für den Unternehmensberater bei ganzheitlich angelegten Neustrukturierungs-Vorhaben (Reorganisationen) aufgezeigt. Dabei wird die grosse Bedeutung des "Faktors" Mensch für den Projekterfolg analysiert. Danach werden die neuesten Erkenntnisse zur Prozessgestaltung dargelegt und die sich ergebenden Anforderungen sowohl an den Moderator wie auch an die Organisation herausgearbeitet.

Der Beitrag von *Jörg Fengler* versetzt den Leser zuerst selbst in die Lage des Moderators, indem er einen konkreten Moderationsprozess in einem Unternehmen Schritt für Schritt durchgeht. Dabei zeigt er anschaulich, was beim Klienten abläuft und wie er in der Rolle des Moderators gefordert wird, denkt und handelt. Seine Reflexionen erhellen insbesondere die psychologische Dimension und die Interaktionsdynamik. Fengler analysiert zudem das Geschehen rückblickend und zeigt, was die Moderation zu erreichen vermag und wo sie auf ihre Grenzen stösst.

Im Vordergrund der erfahrungsorientierten Ausführungen von *Andreas Pieper* steht die "Moderation als (zentrale) Führungsaufgabe" im Sinne einer gezielten Entwicklung leistungsfähiger Teams sowie der effektiven Moderation von Gruppensituationen. Pieper weist auf die sich gewandelten

Anforderungen an Führungskräfte hin und hebt die soziale Kompetenz als eine der wichtigsten zukunftsgerichteten Führungsqualifikationen hervor. Er beschreibt Teamentwicklung als einen Wachstumsprozess mit den Phasen "Forming", "Storming", "Norming" sowie "Performing" und gibt konkrete, anwendungsorientierte Hinweise zur Moderation jeder dieser vier Phasen. Der Beitrag schliesst Empfehlungen und Leitlinien für die unterschiedlichen Aufgabenfelder der Moderation mit ein und gibt Anregungen, wie Moderationsfähigkeiten vermittelt werden können.

Der letzte Beitrag, von *Christian Hirt*, gibt einen Überblick über die überraschend spärliche Literatur zum Thema Moderation und zeigt den Stand der heutigen Grundlagen-Diskussion. Er gliedert die Ergebnisse seiner sorgfältigen Literaturrecherche in die Schwerpunkte Ursprung und Ziele der Moderation, Aufgaben des Moderators, Anforderungen an die moderierten Personen, Hinweise auf die einsetzbaren Hilfsmittel und Beschreibung des Moderationsprozesses. Zum Schluss wird auf das Einsatzgebiet der Moderationsmethode im weiten Sinne sowie auf den Zusammenhang mit der Führungsthematik verwiesen. Hirt weist nach, dass ein grosser Teil der bisherigen Literatur primär handlungsorientierter Natur ist. Theoretisch fundierte Beiträge sind selten und aussagekräftige empirische Arbeiten zur Überprüfung von Anspruch und Erfolgsrelevanz der Moderationsmethode fehlen gänzlich. Die hiermit sichtbar gewordenen Lücken im Erkenntnisstand eröffnen ein interessantes Feld für weiterführende Forschung.

Zollikon, im Januar 1993						André C. Wohlgemuth

Albert Ziegler

Wer moderieren will, muss Mass nehmen und Mass geben:
Kulturgeschichtliche Hinweise zum heutigen Verständnis der Moderation

Der Beitrag versucht, zu einem Verständnis der Moderation dadurch beizutragen, dass er der Wortgeschichte der Moderation nachgeht und zugleich die Kulturgeschichte bedenkt. Es zeigt sich, dass Moderation eine lange und weitgestreute Geschichte besitzt. Das Mass der Griechen, das Augenmass der Römer, die Mässigkeit der Mönche, die Masse des mittelalterlichen Richters, der massvolle Fürst bis hin zum mittelmässigen Bürger und einen manchmal unmässigen Schwätzer von heute zeigen, dass Moderation nicht nur mit der Gesprächsführung, sondern auch mit der Lebensführung zu tun hat. Daraus wird deutlich, dass der Moderator selber ein massvoller Mensch sein sollte, damit er seine Aufgabe als Dirigent einer Diskussion taktvoll wahrnehmen kann und als Berater im Unternehmen sowohl als Katalysator als auch als Animator und Koordinator zu wirken versteht.

    Derart entwirft der Autor eine Art Rahmenmodell für eine Utopie der Moderation.

This contribution attempts to contribute to an understanding of the concept of moderation by following up the history of the word itself and its attendant culture. It can be shown that moderation has a long and diverse history in cultures ranging from the Greeks through the Romans via the medieval monks, judges and prices to the average citizen of today, and thus that moderation is not only connected to interaction techniques but also with life style. Obviously the moderator him- oder herself should be a moderate individual in order to fulfil the task of directing a discussion with tact, or to work as an adviser in a commercial enterprise in the role of a catalyst, animator of coordinator.

    The author finishes by developing a framework for a utopia of moderation.

Die meisten wissen, was Moderation bedeutet und was Moderieren besagt. Denn wer hätte nicht schon am Fernsehen oder sonst bei einer öffentlichen

Diskussion eine Moderation oder einen Moderator erlebt. Nicht wenige haben selber moderiert. Deshalb wissen wir aus eigener Erfahrung, was Moderieren ist.

Wir wissen es allerdings nur ungefähr und ziemlich ungenau. Was bedeutet moderieren genauer? Eine erste Auskunft gibt der Duden: "Moderator ist, wer beim Fernsehen durch eine Sendung führt und die verbindenden Worte zwischen den einzelnen Beiträgen einer Sendung spricht"[1].

Der Grosse Brockhaus schränkt den Wirkungsbereich des Moderators nicht auf das Fernsehen ein. Nach ihm ist der Moderator "jemand, der eine Sendung (bei Hörfunk oder Fernsehen) moderiert oder eine Podiumsdiskussion leitet". Zugleich wird das Wort "moderieren" erklärt: "Moderieren (lat. moderari 'mässigen', 'lenken', 'regeln'), eine Hörfunk- oder Fernsehsendung oder eine öffentliche Veranstaltung durch einführende Worte und verbindende Kommentare in ihrem Ablauf gestalten" (1991).

So weit, so gut. Dennoch leiden beide Umschreibungen an einem doppelten Mangel. Zum einen tragen sie dem Umstand zu wenig Rechnung, dass Wort und Begriff der Moderation einen Bedeutungszuwachs erhalten haben. Denn man spricht heute auch von "Moderation in Organisationen". Zum andern wird zu wenig deutlich, warum man, um die Leitung einer Diskussion zu bezeichnen, ausgerechnet auf das Wort "Moderation" zurückgreift.

Beide Mängel lassen es ratsam erscheinen, das Wort "Moderation" näher zu bedenken. Vielleicht könnte ein Blick auf die Wort- und Kulturgeschichte Hinweise darüber vermitteln,

1   woher das Wort "Moderation" stammt und in welchem Bedeutungsfeld es uns begegnet,
2   was ein Moderator eigentlich ist oder sein sollte und
3   worin Moderation heute bestehen müsste.

Das Ergebnis wäre ein sinnvolles Verständnis für Moderation aus unserer Kultur- und Geistesgeschichte. Ein solches Verständnis könnte ergänzen, was die heutige Interaktionsforschung zum Begriff der Moderation beiträgt.

---

[1] Duden 10: Bedeutungswörterbuch (Mannheim, 1970). - Vgl. Duden 5: Fremdwörterbuch (Mannheim, 1982): *Moderation:* 1. (leitender) Redakteur einer Rundfunk- oder Fernsehanstalt, der durch eine Sendung führt und dabei die einzelnen Programmpunkte ankündigt, erläutert und kommentiert. - *Moderieren:* 1. eine Rundfunk- oder Fernsehsendung mit einleitenden und verbindenden Worten versehen (499).

1. Vom Modus des Masses zur Moderation am Fernsehen

Beim Nachdenken und Nachfragen wird einem bald einmal klar: Der heutige Fernsehmoderator hat kulturgeschichtlich einen langen Weg hinter sich. So neu nämlich das Geschäft eines Fernsehmoderators auch sein mag, so alt ist die Tätigkeit des Moderierens. Denn ohne Zweifel handelt es sich bei "moderieren" um ein *Grundwort* des Menschen, das im Verlauf einer vielfältigen Kulturgeschichte die verschiedensten Bedeutungsverschiebungen erfahren hat.

1.1 Vom Messen zum Mass-Stab

Den letzten Hintergrund aller Wörter rund um die Moderation bildet die indogermanische Wortwurzel "me(d)-". Sie bedeutet: "wandern, (ab)-schreiten; abstecken; messen"[2]. Die Wurzel begegnet uns in doppelter Form, nämlich

- als "me": "etwas abstecken, messen, abmessen";
- als "med-": "messen, ermessen" (Melzer, 1965).

Beide Wurzeln haben in den indogermanischen Sprachen weit gewirkt. Einige Andeutungen müssen genügen:

1. Da ist die erste Wurzel "me". Damit ist das altgriechische Wort "metron" (Mass) verwandt. Es begegnet uns noch heute im Meter(mass). Das entsprechende lateinische Tätigkeitswort heisst "metiri": "(ab)messen". Dieses Wort lebt weiter in der Dimension, wohl auch in der Mensa (Tisch; Esstisch). Das lateinische "mensura" ("das Messen, das Mass") lebt weiter in der Mensur. Im 15. Jahrhundert bedeutet das Fremdwort "Zeitmass, Takt" (vor allem in der Musik). Um 1600 ist Mensur "der Abstand der Fechter im Zweikampf".

Vermutlich hat sogar unser Mond mit unserer Wurzel "me" zu tun. Er wäre dann der, der "als Wanderer am Himmelszelt" den Himmel ab*misst* und abschreitet. Doch bleiben wir nicht in den hohen Sternen des Himmels.

Die Wurzel "me" finden wir auf unserer Erde im "Mahl" - gleichgültig, ob wir es "Mal" oder "Mahl" schreiben. Denn "Mal" hiess ursprünglich der abgemessene "Zeitpunkt". Nun muss der Mensch essen; und er soll es nicht

---

[2] Vgl. zum folgenden vor allem Duden 7: Herkunftswörterbuch (Mannheim, 1989). - Grimm, Jakob und Wilhelm. Deutsches Wörterbuch 6 (Leibzig, 1885) 1721 - 1739.

irgendwann tun, sondern wenn die dafür bestimmte Zeit gekommen ist. So kommt es zur "Mahl-Zeit". Mit der Zeit vergisst man die Zeit und denkt mehr und mehr und schliesslich nur noch ans Essen. Wir wünschen einander "Mahlzeit" und wünschen mit der guten Mahlzeit einfach ein bekömmliches Mahl.

2. Da ist die erweiterte Wurzel "med". Damit verwandt ist das altgriechische Wort "medomai". Es heisst: "ich bin auf etwas bedacht". Im Lateinischen finden wir die Wurzel in "meditari": "über etwas nachdenken". Daraus wird zum einen unsere Meditation, zum anderen der Medicus. Denn der Arzt ist als Mediziner der "klug ermessende, weise Ratgeber" und darum auch der "Heilkundige".

3. Das in unserem Zusammenhang grundlegende Wort heisst "modus". Es bedeutet vor allem "Mass, Art und Weise". Damit hängt einerseits "modestus" (massvoll, bescheiden), andererseits "moderare" (mässigen) zusammen. Im Althochdeutschen kommt es im Zusammenhang mit "Mass" zu einer dreifachen Wortbildung. Das "Mass" ist zum einen das Trinkgefäss bis zum heutigen Masskrug. Zum anderen ist es das Mass der Angemessenheit und Schicklichkeit. Zum dritten wird es als "Musse" "die freie Zeit, die Aufmerksamkeit und die Gelegenheit zu etwas".

Das Gegenteil der "Musse" ist heute das "Müssen". Einstmals ging es bei Musse und Müssen um das Gleiche. Denn müssen bedeutet ursprünglich "sich etwas zugemessen haben, Zeit, Raum, Gelegenheit haben, um etwas tun zu können". Doch mehr und mehr wird aus dem, was man tun *kann,* das, was man tun *muss.* Es kommt zu unserem heutigen "Müssen", das als "Muss" eine unumgängliche Notwendigkeit ist und in Gegensatz zur Musse tritt.

4. Eine Fülle weiterer Bildungen aus dem lateinischen Stammwort "modus" spielen in unserem Wortschatz noch immer eine Rolle. Man denke an Mode, modisch und Modistin. Da wäre modern und modernisieren. Der Bildhauer nimmt Mass am Modell und modelliert seine Skulptur. Die Verkleinerungsform (modulus) ist im Model, unserer Kuchenform, oder im mundartlichen "Buttermödeli" lebendig geblieben. Auch heute lassen wir uns noch nicht gerne "ummodeln" oder verändern.

Was "inkommodieren" besagt, haben wohl die meisten vergessen. Doch noch immer ist es "kommod", eine "Kommode" zu besitzen, in deren Schiebekästen man so vieles bequem unterbringen kann. Wem aber die

Kommode zu altmodisch sein sollte und wer es lieber "modern" haben will, braucht bloss an das "Modul" zu denken, das als Bau- oder Schaltungseinheit seit einigen Jahrzehnten in Brauch gekommen ist.

5. Auch als Fremdwort lebt "modus" unter uns weiter. Man denke an das italienische "grosso modo", was im "Grossen und Ganzen" bedeutet und darauf hinweist, dass wir nur dann das richtige Augenmass haben, wenn wir nicht nur den Teufel im Detail und das Haar in der Suppe suchen, sondern auch das grosse Ganze bedenken.

Das Fremdwort lebt sodann weiter in "modus vivendi", "modus operandi" und "modus procedendi". Diese drei lateinischen Redewendungen weisen darauf hin, dass, wer eine Form des erträglichen Zusammenlebens erreichen will (modus vivendi), auch um eine geeignete Art und Weise des Handelns (modus operandi) und des Vorgehens (modus procedendi) besorgt sein muss. Besonders wichtig ist, zumal heute, der "modus vivendi". Er ist nicht nur ein bildungssprachlicher Ausdruck, sondern auch ein völkerrechtliches Fachwort. Bildungssprachlich geht es beim "modus vivendi" um die Form eines erträglichen Zusammenlebens verschiedener Personen und Parteien. Völkerrechtlich ist "modus vivendi" jene auf Vereinbarung beruhende, die Entscheidung aufschiebende Regelung einer Frage in den internationalen Beziehungen.

6. Im Zusammenhang mit der Moderation dürfen auch die *Modalitäten* nicht vergessen werden. Denn die Aufgabe der Moderation könnte gerade darin bestehen, "die Modalitäten festzulegen", damit der "modus procedendi" gewährleistet ist und ein "modus vivendi" erreicht wird.

Dass für unsere lebhaften Italiener die musikalische Tempobezeichnung "moderato" als "gemässigt, mässig schnell" besonders wichtig ist, leuchtet ein. Aber auch wir, die wir - herwärts des Alpenkammes - eine gemächlichere Gangart vorziehen, sollten uns "moderieren". Damit sind wir endlich bei unserem Wort "moderieren" angekommen.

7. *Moderieren* wurde bereits im 16. Jahrhundert aus dem lateinischen "moderare" (mässigen) entlehnt. In der Bedeutung "mässigen, mildern" ist es weitgehend veraltet und nur noch landschaftlich gebräuchlich.

Aber in der zweiten Hälfte unseres Jahrhunderts kam das englische Wort "to moderate" zu uns. Es bedeutet, "eine Versammlung oder ein Gespräch zu leiten". Unter dem Einfluss des englischen Wortes heisst moderieren nunmehr "eine Sendung mit einleitenden und verbindenden

Worten versehen, sowie durch eine Sendung führen, und zwar vor allem im Rundfunk und Fernsehen". Jetzt sind wir dabei, Moderation - über Radio, Fernsehen und öffentliche Versammlung hinaus - auch auf Organisationen zu übertragen.

8. Nicht von der Wortgeschichte, wohl aber vom Begriffsinhalt und damit von der Bedeutung her, ist auch noch an das lateinische Wort "temperantia" zu denken. Stammwort ist das lateinische "temperare". Es bedeutet "in das gehörige Mass setzen; in das richtige Mischungsverhältnis bringen". Es hat also auch mit Mass und Mässigkeit zu tun. Im Hintergrund steht die indogermanische Wurzel "ten-". Sie bedeutet "dehnen, ziehen, spannen". Weil der allzu straff gespannte Bogen springt und die Überspanntheit ungesund ist, muss man sein "Temperament" zügeln, die Zimmertemperatur "temperieren", das "Tempo" nicht überschreiten und dennoch temperamentvoll sein.

1.2   Der Mensch - Mass aller Dinge?

Die lange und vielfältige Herkunftsgeschichte unserer massgebenden Wörter macht - über die Wortgeschichte hinaus - eines deutlich: Der Mensch kann nur leben, wenn er *misst*. Zwar ist er - als Wesen der Transzendenz - auf das Unermessliche ausgerichtet. Doch wäre es für ihn einstweilen vermessen, wollte er dort auch schon leben. Will er leben und überleben, muss er es massvoll tun.

Er bemisst seine Zeit nach dem Lauf der Gestirne am Himmel und nach der Länge des Sonnenschattens auf Erden. Wenn die Zeit des Essens gekommen ist, nimmt er seine Mahlzeit ein. Weil er offenbar zu Unmässigkeit und Vermessenheit neigt, muss er sich mässigen und lernen, Mass zu halten. Kurzum: Der Mensch misst.

Wer aber misst, bedarf des *Massstabes*. Woher nimmt der Mensch den Massstab für sein Messen? Ist er vielleicht gar selbst das Mass aller Dinge? Vom griechischen Philosophen Protagoras (etwa 480-410 v. Chr.) stammt der berühmte "homo-mensura"-Satz (Mensch-Mass-Satz): "Der Mensch ist das Mass aller Dinge, der Seienden, dass sie sind, der Nicht-Seienden, dass sie nicht sind" (Grawe, 1974; Büchmann, 1990, S. 256). Seither ist viel über diesen Satz gerätselt worden. Die Meinungen gehen weit auseinander.

Plato lehnt den Satz in seiner Allgemeinheit als sophistisch ab. Nicht der Mensch als solcher und damit auch nicht jeder Mensch ist der Dinge Mass, sondern nur und erst der besonnene Mensch. Dank seiner

Besonnenheit verfügt er über die Fähigkeit, von sich selbst und seinen blinden Begierden Distanz zu nehmen, sich mit den Augen auch der anderen zu sehen und dadurch - gleichsam objektivierend - die eigenen Möglichkeiten und Grenzen wahrzunehmen.

Was aber wollte Protagoras wirklich sagen? Vielleicht nur: Alles, was ich wahrnehme, nehme ich wahr nach den Möglichkeiten, die ich selber habe. Ich sehe, was meine Augen erblicken. Ich höre, soweit mein Hörvermögen reicht. Ich schmecke, rieche und ertaste, was meine Sinnesorgane an Reizen aufnehmen. Schliesslich vermag ich auch nur soweit zu erkennen, wie die Kräfte meines Verstandes reichen.

Damit wäre Protagoras nicht allzu weit von dem entfernt, was die Leute der Werbung sagen: "Wahr ist nicht, was wahr *ist*. Wahr ist vielmehr, was die Menschen für wahr *halten*." Diese Meinung hat einiges für sich, wenn nicht in den Höhen der Philosophie, so doch in den Niederungen der alltäglichen Praxis. Nur enthielte diese Auffassung auch einen Auftrag. Wenn nämlich für die Menschen wahr *ist*, was sie für wahr *halten*, dann müsste die Werbung, um verantwortbar zu sein, doch dafür sorgen, dass die Menschen, soweit wie möglich, gerade das für wahr *halten*, was auch wirklich wahr *ist*.

1.3 Das Mass - das Beste der Griechen

Schon die älteren griechischen Sprichwörter sprechen vom Mass. "Das Mass ist das Beste." (metron ariston), heisst das bekannteste. Ein weiteres lautet: "Die Mitte ist das Beste." (Ottmann, 1980; Büchmann, 1990, S. 286). Bereits den sieben Weisen wird zugeschrieben: "Nichts im Über-Mass" (meden agan). Diese Aufforderung steht in enger Verbindung mit den beiden anderen Lebensweisheiten "Erkenne dich selbst." (gnothi sauton) und "Bedenke nicht die Dinge der unsterblichen Götter, sondern sorge dich um das, was dich, sterblichen Menschen, betrifft." (thneta phronein)[3].

Auch der hippokratischen Medizin ging es - mit ihrer Lehre vom Gleichgewicht - um das rechte Mass. Platon war der Auffassung, dass nur der massvolle Mensch sein eigener Herr ist. Vor allem aber ist Aristoteles der Lehrer des Masses geworden. Denn er sieht das Wesen nicht nur einer bestimmten, sondern *aller* Tugenden in der Mitte zwischen einem Zuviel und

---

[3] Die lateinische Übersetzung von "Allzu viel ist ungesund" lautet bei Terenz "Nequid nimis". - Vgl. Büchmann 1990, S. 249. Hier ebenso die Hinweise für die Inschrift des Apollo-Tempels in Delphi "Erkenne dich selbst!". Cicero übersetzt sie mit "Nosce te (ipsum)".
Zu den folgenden kulturgeschichtlichen Überlegungen vgl. Reichert. Darin: Das rechte Mass (S. 303-306).

einem Zuwenig. Er sagt: "Der tugendhafte Mensch wählt die Mitte und entfernt sich von den beiden Extremen, dem Zuviel und dem Zuwenig (Ethik 6.1)."

Diese Tugendmitte ist weder laue Mittelmässigkeit noch sture Gleichschalterei. Sie ist nicht mittelmässig. Denn es bedarf der äussersten Anstrengung des Menschen, um das Gleichmass von Zuviel und Zuwenig zu erreichen. Sie ist nicht Gleichschalterei. Denn die Tugendmitte muss - der Verschiedenheit der Personen sowie der Besonderheit der Zeitumstände und Situationen genügend Rechnung tragend - immer wieder neu und individuell ermittelt werden.

1.4 Das Augenmass der Römer

Im Gegensatz zu den denkerischen Griechen sind die Römer eher Praktiker und Politiker. Sie fangen weniger bei den hohen Sternen und Idealen an, sondern unten auf dem harten Boden der Erde. Kein Wunder, dass bei den Römern das Mass beim Mass-Krug beginnt. "Est modus matulae". Jeder Kessel hat sein Mass. So überschreibt Varro eine seiner Satiren.

Allerdings war auch den Römern der Griff nach den Sternen und der Traum vom Fliegen nicht unbekannt. Doch selbst da blieben sie praktisch. Dies wird in der Art und Weise deutlich, wie der römische Dichter Ovid einen alten Sagenstoff aufgreift. Zwei Väter belehren ihre Söhne, wie sie fliegen sollen. Der Sonnengott mahnt seinen Sohn Phaethon: "Medio tutissimus ibis - in der Mitte wirst du am sichersten gehen" (met. 2, 137) (Büchmann, 1986, S. 286). Da ist der irdische Vater Daedalus, dessen Sohn Ikarus mit seinem selbstgebauten Gefieder fliegen wollte. Daedalus gibt ihm als praktischen Fingerzeig den goldenen Rat: "Flieg nicht zu hoch an die Sonne, damit das Wachs der Flügel nicht schmelze. Flieg nicht zu nahe an die Erde, damit sie dich mit ihrem Wasserdunst nicht niederziehe" (met. 8, 49-55).

Zum Klassiker des römischen Augenmasses ist Horaz geworden. Er hat hierfür zwei Worte gefunden, die als geflügelte Worte fortan durch das Abendland gehen. Das eine ist die "aurea mediocritas", die "Goldene Mitte" (carm. 2, 10, 5).[4] Die römische Mediocritas ist - ähnlich wie die Tugendmitte bei Aristoteles - noch nicht die Mediokrität nivellierender Mittelmässigkeit. Sie ist vielmehr jene goldene Mitte, die das Wohlbefinden der Bürger

---

[4] Für Cicero dient der Begriff zur Bezeichnung eines Zustandes, "quae est inter nimium et parum" - "der zwischen zuviel und zuwenig liegt" (Büchmann, 1990, S. 279). - Vgl. Ignatius von Loyola, 1978, S.24

gewährleistet und in der die persönliche Zufriedenheit eines jeden einzelnen mündet.

Diesem Wort entspricht, was Horaz in seinen Briefen schreibt. Er sagt - in der Übersetzung Wielands - :

"Die wahre Tugend, Freund,
Liegt zwischen zwei Lastern, gleich von beiden
Zurückgezogen, in der Mitte (Ep 1, 18, 9)."

Das zweite Wort heisst "Est modus in rebus" (sat. 1, 1, 106). Damit will Horaz die goldene Mitte am Beispiel des Mittelweges zwischen Geiz und Verschwendung aufzeigen. Er führt zur Einsicht:

"Mass ist allem bestimmt und eigene scharfe Begrenzung,
Jenseits der so wenig wie diesseits Rechtes bestehen kann. -
Est modus in rebus, sunti certi denique fines
Quos ultra citraque nequit consistere rectum."[5]

Das langsam beginnende Abendland wird besonders dieses Wort nicht mehr vergessen. Es lebt in der Mässigung der Mönche genauso weiter wie in der Mâze des mittelalterlichen Ritters und des massvollen Humanisten.

1.5 Die Mässigkeit der Mönche

Den Mönchen - als in gewisser Weise vorbildhaften Christen - ging es nicht nur um das rechte Mass, sondern noch mehr um die Mässigung. Denn das richtige Mass erhalten wir nur, wenn wir unser oft so unbändiges Temperament temperieren oder zügeln. So wird die Temperantia als Tugend des Masshaltens (erworben durch Mässigung) zum christlichen Grundwort. Nur zu oft ist sie missverstanden und auf bestimmte Lebensbereiche eingeengt worden, sei es etwa auf die Sexualität oder den Alkoholgenuss. Nicht ohne Grund wurden früher die Anhänger der Mässigkeits- und Enthaltsamkeitsbewegung Temperenzler genannt.

Doch bei allen Missverständnissen und Missbräuchen dürfen wir nicht vergessen: So negativ heute Mässigkeit, asketische Selbstbeherrschung und biblische Selbstverleugnung *klingen*, so positiv sind sie gemeint. Bei dieser menschlichen und christlichen Grundhaltung geht es darum, dass der Mensch er selbst bleibt inmitten aller Einflüsse, die ihn umgeben, auf ihn eindringen

---

[5] Büchmann weist darauf hin, dass sich das Wort "sunt certi denique fines" auch in Grillparzers "Der arme Spielmann" findet (Büchmann, 1990, S. 280).

und ihn allenfalls reizen, sei es von innen her, sei es von aussen. Dazu kommt, dass diese mässigende Selbstbeherrschung nicht in einer starren und sturen, den Menschen isolierenden Selbstherrlichkeit mündet, sondern den Menschen öffnen soll auf die anderen, das Grössere, das Ganze und vor allem auf das masslos unermessliche Geheimnis.[6]

Das wohl bedeutendste Denkmal dieses Masshaltens ist die Benediktiner-Regel. Sie verbindet die Moderation mit der *Diskretion*. Schon Cassian hatte Klugheit und Mass mit der discretio verbunden. In der Mönchsregel des Benediktus wird die massvolle Unterscheidung (discretio) "Mutter der Tugenden" genannt ("mater virtutum" Reg. 64, 19). Deshalb ordne der Abt "alles mit Mass, damit die Starken finden, was sie suchen, und die Schwachen nicht abgeschreckt werden" (Reg. 64, 19 (Lambert, 1988; Holzherr, 1980)). Mit Recht hat darum Papst Gregor der Grosse die Benediktiner-Regel als "einzigartig in weiser Mässigung" bezeichnet ("Regula discretione praecipua" (Lambert, 1988)).

Eine solche moderate Diskretion, die den Menschen aus seiner eigenen Enge hinausführt ins Grössere und Weite, ist nicht nur das Anliegen der alten Mönche. Nach 1150 wandelt sich die geistlich bestimmte mâze zur Rittertugend. Mâze wird zum verpflichtenden Kernwort der Ritterschaft.

1.6 Die Mâze des mittelalterlichen Ritters

Der mittelalterliche Ritter strebte nach der gestuften Dreiheit von "irdisch Gut, Ehre und Gottes Huld" (Burkhard, 1945). Für uns am schwierigsten zu fassen ist der Begriff der Ehre. Das Wort "êre" ist eines der am schwersten übersetzbaren Wörter im Mittelhochdeutschen (Schäfer 1972). Es geht dabei um das sittliche Wertbewusstsein der adeligen Persönlichkeit, und zwar in dreifacher Hinsicht. In der "êre" achte ich erstens mich selbst, zweitens die anderen, und drittens achten die andern auch mich.

Im Zusammenhang mit der "êre" stossen wir wiederum auf unser Wort vom Mass und der Moderation. Denn die Ehre seines Charakters bekundet und mehrt der Ritter durch "mâze" (masshalten), "triuwe" (lautere Gesinnung) und "staete" (beharrliche Pflichterfüllung). Wiederum hat die "mâze" wenig zu tun mit unserer heutigen Mässigkeit oder Mittelmässigkeit. Ähnlich wie die moderate Diskretion des Mönchs ist die "Mâze" ein

---

[6] Vgl. H. Rücker, 1980, S. 811. - Zum Ganzen vgl. die Artikel "Selbstverwirklichung", "Selbstverleugnung", "Askese" im Praktischen Lexikon der Spiritualität (Freiburg i.Br. 1988). - Vgl. auch Laun, 1990, S. 463 - 465. - Rotter, 1975, S. 184.

umfassendes ritterliches Ideal. Es umschliesst sowohl das schöne Benehmen wie das gute Tun. Darum kann sie *Walter von der Vogelweide* die Fügerin aller Würdigkeit nennen: "Aller werdekeit ein füegerinne" (Schäfer, 1972, 120).[7]

Endlich begegnet uns (um 1200) im Parzifal des *Wolfram von Eschenbach* das Wort des Horaz "est modus in rebus": "Gebet rehter mâze ir orden! Gebet dem rechten Mass seine Ordnung und das ihm gebührende Recht" (III. 173, 21 (Burkhard, 1945, 108, 32)).

1.7 Der mässigende Obere und der massvolle Fürst

Der Wittenberger Humanist Friedrich Taubmann sieht erneut das Glück in der goldenen Mitte: "Medium tenuere beati - die Mitte wahren, das ist das wahre Glück" (Reichert, 1980, S. 305). Wer darum eine glückliche Hand bei der Führung der Menschen haben will, darf sie nicht mit dem Mittelmass lenken. Wohl aber muss er sie mit dem Mass der Mitte führen. In diesen Zusammenhang gehört das Wort "fortiter in re, suaviter in modo - Hart in der Sache, milde in der Form".

Es stammt vom vierten Jesuitengeneral Claudio Aquaviva (1543-1615). Vielleicht dachte er dabei an die Bibel. Die Bibel sagt nämlich von der Weisheit (und zwar in der Übersetzung der Vulgata): "Attingit ergo a fine usque ad finem *fortiter* et disponit omnia *suaviter* - sie reicht von einem Ende zum andern gewaltig und regiert alles wohl" (Weish, 8,1). Nun schreibt Aquaviava: "Es wird nicht schwer sein zu sehen, wie Nachdruck mit Milde verbunden sein muss, dass wir stark seien in der Erreichung des Ziels und milde in der Art, es zu erreichen".

Vermutlich hat Aquaviva diese nachdrückliche Milde bei seinem Vorgänger und Ordensvater Ignatius von Loyola gelernt. Dieser schrieb (am 7. Mai 1547) an die Ordensstudenten in Coimbra einen Brief "über die Vollkommenheit". Darin mahnt er die jungen, draufgängerischen Mitbrüder zum Masshalten. Er schreibt: "Das 'Nichts zu sehr', das Wort des Philosophen, muss in allem eingehalten werden, sogar in der Gerechtigkeit selbst wie Ihr beim Prediger lest: 'Sei nicht zu gerecht (Koh, 7,16)'. Wenn man diese Mässigung nicht hat, verkehrt sich das Gute in Böses und die Tugend in Laster... Es ist also Klugheit nötig, welche die Übungen in den Tugenden zwischen den beiden Extremen mässigt... Und wenn Euch die

---

[7] Nach Schäfer ist "Aller werdekeit ein füegerinne" "das vielleicht schwierigste Lied Walters" (S. 452). - Vgl. S. 555 (wert); S. 451 (mâze).

Klugheit als seltener Vogel und schwierig zu haben erscheint, so ersetzt sie wenigstens durch Gehorsam... Um also die Mitte einzuhalten zwischen dem Extrem der Lauheit und dem des unklugen Eifers, besprecht Eure Dinge mit dem Oberen und haltet Euch an den Gehorsam" (Ignatius, 1978, S. 271 - 274; Büchmann, 1990, S. 301).

Diese Äusserungen sind bedeutsam für die Auffassung, die Ignatius einerseits vom Gehorsam, anderseits vom Ordensoberen hatte. Der Obere ist nicht einfach der Kommandant, der nichts anderes zu tun hat als zu kommandieren. Er ist auch und besonders der Moderator, der die Mitbrüder so moderiert, dass einerseits jeder einzelne sich zur massvollen Persönlichkeit entfaltet, anderseits alle zusammen mit klugem Augenmass am gemeinsamen Werke arbeiten.

Gedanklich verwandt mit dem Wort des Jesuitengenerals Aquaviva ist die Maxime eines französischen Philosophen: "Il faut avoir l'esprit dur et le coeur doux." Im Gedenken an die Mitglieder der "Weissen Rose" hat der deutsche Bundespräsident Dr. Richard von Weizäcker den von Sophie Scholl zitierten Grundsatz in Erinnerung gerufen, verbunden mit der Mahnung, dass unsere Zivilisation nur zu bewahren sei "mit unbeugsamem Geist und fühlendem Herzen" (Neue Zürcher Zeitung, 17. Februar 1993. Nr. 39. S.1).

Nicht nur der geistliche Obere und der französische Philosoph, sondern auch der absolutistische Fürst späterer Jahrhunderte weiss sich dem Mass verpflichtet. Nicht umsonst findet sich auf den prunkvollen Fürstenbildern häufig die Uhr als Inbegriff von Mass und Gemessenheit. "Pünktlichkeit ist die Höflichkeit der Könige", so heisst es jetzt. Doch schon früher hatte Maximilian I. als Wahlspruch gewählt: "Tene mensuram et respice finem - Halte Mass und denk an das Ende" (Reichert, 1980, S. 305).

Ob der italienische Ausdruck "grosso modo" wohl mit der Grosszügigkeit eines wahren Fürsten zusammenhängt? Gewiss weiss auch der Fürst, dass "der Teufel im Detail steckt". Dennoch vergisst er darüber nicht, dass es auf das "Grosse und Ganze" ankommt. Weder kann alles und jedes geregelt werden, noch wird je alles bis in die kleinste Einzelheit zum Stimmen gebracht werden können. Es genügt, ist aber auch notwendig, dass es "grosso modo" stimmt.

1.8 Der mittelmässige Bürger

Der Wahlspruch der Stadt Lübeck hatte gelautet: "Mediocritas in omni re est optima - das Mittelmass ist in allen Dingen das beste". Auch dieses Mittelmass ist nichts Mittelmässiges. Denn keiner wird die Hanseaten der nivellierenden Mittelmässigkeit bezichtigen wollen. Trug doch das 1525 begründete Haus der Seefahrt in Bremen die Inschrift: "Navigare necesse est, vivere non est necesse - Schiffahrt treiben ist nötig, Leben nicht". Nicht das geruhsame Leben hinter dem Ofen ist erstrebenswert, wohl aber das Wagnis auf gefährlicher See.

Doch alles musste seine Ordnung haben. Die ständische Ordnung war festgefügt. Die französische Revolution fegt die ständische Ordnung hinweg. Der alte Zunftmeister wird zum behäbigen Städter oder zum darbenden Proletarier. Die "aurea mediocritas" der Römer wird zur Mediokrität mittelmässiger Bürger. Reihenhäuser entstehen. Mietskasernen werden daraus. Man marschiert im gleichen Schritt und Tritt. Die Ordnung wird zur Ordentlichkeit, das Mass zur Mittelmässigkeit. Im Zeugnis der Schüler steht: "Ordnung und Reinlichkeit; Fleiss und Pflichterfüllung; Betragen". Jene bürgerlichen Tugenden entstehen, die man später glaubt, als sekundäre Tugenden abwerten zu müssen.[8]

Allerdings geht der römische Gedanke der "aurea mediocritas" nicht unter. Er begegnet uns in Eduard Mörikes (1804-1875) "Gebet":

> Herr! schicke, was du willt,
> Ein Liebes oder Leides;
> Ich bin vergnügt, dass beides
> Aus deinen Händen quillt.
>
> Wollest mit Freuden
> Und wollest mit Leiden
> Mich nicht überschütten!
> Doch in der Mitten
> Liegt holdes Bescheiden

Noch blüht der Schrebergarten. Doch bald werden neue wilde Denker das geistige Schrebergärtnertum verächtlich machen. Der Wildwuchs antiautoritärer Erziehung schiesst ins Kraut.

---

[8] Man denke etwa an den Weg der "heil'gen Ordnung" von der "segensreichen Himmelstochter" in Schillers "Lied von der Glocke" bis hin zum Romantitel von Eric Malpass "Morgens um sieben ist die Welt noch in Ordnung". - Vgl. Büchmann, 1990, S. 233. - Vgl. dazu auch die Sprichwörter, Redensarten und Zitate bei "Grosses Zitaten-Buch" (Compact Verlag München, 1984, S. 127 - 128).

1.9 Die masslose Wirtschaft

Zuvor aber hatte der Zweite Weltkrieg halb Europa zerstört. Der Krieg der Soldaten war - masslos - zum totalen Krieg geworden. Nun gilt es, Europa wieder aufzubauen. Bald beginnt das deutsche Wirtschaftswunder zu blühen. Noch als Bundeswirtschaftsminister erlässt der nachmalige Bundeskanzler Dr. Ludwig Erhard (1897-1977) seine *Masshalte-Appelle*. Zum ersten Mal spricht er in einer Rundfunkansprache am 7. September 1955 zum Masshalten: "...So komme ich immer wieder auf das Masshalten als wirtschaftliches Gebot..." (Büchmann, 1990, S. 400).

1.10 Der unmässige Schwätzer

Die 68er Jahre gehen durch die Lande und schrecken die Bürger auf. Jetzt wird nicht mehr geredet, sondern diskutiert. Nächte lang, wenn es sein muss; und oft muss es sein. Statt der Intelligenz wird Intellektualität gepflegt. Rhetorik wird zur Dialektik. Nur allzu oft endet, was als Diskussion begonnen, als massloses Geschwätz. Höchste Zeit, den Moderator als "Mässiger" und "Lenker" zu erfinden und ihm den Weg in die Studios der Rundfunk- und Fernsehanstalten zu ebnen...

Doch wieviel ist auch bei nicht wenigen Moderatoren selbst wieder Gerede und Geschwätz. Denn nicht jeder, der als Moderator auftritt, vermag zu moderieren. Darum wird die Stunde der Moderation die Stunde auch der Wahrheit.

1.11 Die Stunde der Moderation

Die 68er Jahre bringen vieles in Bewegung, nicht zuletzt einen Demokratisierungsprozess.[9] Man spricht von Mitbestimmung, Mitentscheidung und Partizipation. Der partizipativ-kooperative Führungsstil wird Mode. Macht ist verdächtig.

Hierarchien werden abgebaut. Jeder soll mitreden - nicht nur weil er ein Redebedürfnis, sondern weil er auch tatsächlich etwas zu sagen hat. Damit bekommt Moderation eine wesentlich neue Bedeutung.

Mitbestimmung und Mitbeteiligung bei Planungs- und Entscheidungsprozessen in Organisationen fordern nämlich neue Arbeits- und Kommunikationsformen. Nun aber scheint Moderation von Arbeitsgruppen und

---

[9] Eine erste zeitgenössische Bestandesaufnahme der 60er Jahre bietet Niehl (1982). - Vgl. im übrigen die verschiedenen Beiträge der vorliegenden Veröffentlichung.

Entwicklungsteams eine solche Arbeits- und Kommunikationsform zu sein. Derart sieht man mit Recht "in den Protestbewegungen der 60er Jahre einen wichtigen Auslöser für die Entwicklung der Moderationsmethode" (vgl. Beitrag Hirt in diesem Buch).

Es geht also um eine neue Art, Menschen zu führen. Fremdbestimmung soll im Verlauf der Zeit abgebaut und Selbstbestimmung verstärkt werden. Zu diesem Zwecke genügen Vortrag und Diskussion, Lehrer und Diskussionsleiter nicht mehr. Es muss um eine Lerngruppe gehen, in der jeder nicht nur seinen Platz findet, sondern auch seinen Beitrag zu leisten vermag. Dazu bedarf es einer neuen Art des Führens. Man nennt sie Moderation.

1.12 Die Stunde der Wahrheit

So weit, so gut. Denn ohne Zweifel ist weniger Fremd- und mehr Selbstbestimmung ein humanes Ziel. Allein in jenen 60er Jahren wurde nicht nur der Wunsch nach mehr Selbstbestimmung und Unabhängigkeit wach. Gleichzeitig trat "ein ausserordentlich grosses Bedürfnis nach Sicherheit und einem fest strukturierten Rahmen" auf (Klosinski, 1981).

Bettelheim hat ausführlich auf diese Erscheinung hingewiesen. Er ist der Meinung, dass diejenigen Jugendlichen, die Ende der 60er und Anfang der 70er Jahre Ho-Chi-Minh schrien, in Wirklichkeit nach starken Vätern riefen, die sichere Überzeugungen und Prinzipien repräsentierten, die aber gleichzeitig ihre Kinder mit starker Hand zwingen würden, ihrem Kommando zu folgen. Während die Jugendlichen auf einer rationalen Ebene Freiheit und Mitspracherecht forderten, hätten sie sich auf einer unbewussten Ebene Mao und anderen Führern ausgeliefert und dadurch ihren äusserst notwendigen Bedarf an Aussenkontrolle unter Beweis gestellt, ohne den sie keine Ordnung in ihr eigenes inneres Chaos brächten (Klosinski, 1981).

Dieser Hinweis stimmt nachdenklich. Der partizipativ-kooperative Führungsstil ist *ein* Führungsstil. Er ist nicht der einzige und der nicht allein selig machende. Er braucht eine bestimmte Situation. Die Frau eines hauptberuflichen Feuerwehrmannes drückte es einmal so aus: "Mein Mann hat einen 48-Stunden-Dienst. Solange es nicht brennt, geschieht alles kooperativ-partizipativ. Sobald eine Brandmeldung kommt, wird nur noch kommandiert und diktiert."

Ähnliches gilt wohl auch für die Moderation. Moderation braucht Zeit. Wenn die Zeit drängt, fehlt die für die Moderation notwendige Zeit. Wenn ein Haus oder Unternehmen schon lichterloh brennt, bedarf es nicht der

Moderatoren, sondern der Feuerwehrleute. Dies besagt: Auch Moderation als besondere Möglichkeit, Menschen in Gruppen zu führen, ist weder ein allgemein gültiges Rezept noch ein Allheilmittel. Sie ist nur beschränkt verwendbar, und dies selbst dann, wenn man versucht, Schranken abzubauen und Beschränkungen aufzuheben.

Darum hat die Stunde der Wahrheit längst geschlagen: Moderation nicht immer, nicht überall, nicht in jedem Fall. Wohl aber Moderation dort, wo sie am Platz ist. Ihr Platz ist einerseits grösser als manche Kommandierende kaltschnäuzig glauben, anderseits kleiner als nicht wenige Moderationsfreudige blauäugig wähnen. Was denn aber ist nur diese Moderation? Höchste Zeit, endlich danach zu fragen.

2. Was ist Moderation?

Eines dürfte klar geworden sein: Der Mensch hat es mit dem Messen zu tun. Er bedarf der Massstäbe; und dies um so mehr, als er zu Masslosigkeit und Unmässigkeit neigt. Derart soll er "moderato" leben und handeln, freilich ohne es bloss "kommod" haben zu wollen. Damit wir uns schliesslich nicht "inkommodieren" oder unbequem belästigen, müssen wir uns moderieren und zur Moderation bequemen. Dabei darf die Tugendmitte des Aristoteles genauso wenig fehlen wie das Augenmass der Römer, die Mässigung der Mönche, die mâze der Ritter und die Pünktlichkeit der Könige.

Heute soll Moderation vor allem die Möglichkeit schaffen, "mit denen *jede* oder *jeder* seine Ideen aus seinem Wissens- und Erfahrungshintergrund in einer Atmosphäre gegenseitiger Achtung und Akzeptanz, unabhängig von Position und Funktion innerhalb der Organisation, in die Gruppe einbringen kann" (vgl. Beitrag Hirt in diesem Buch). Aus solchen Überlegungen ergeben sich Einsichten, die uns deutlich machen können, warum sich Moderation mehr und mehr ausgeweitet hat, was die grundlegende Aufgabe der Moderation ist und welche Grundeigenschaften deswegen die Moderatorin oder der Moderator besitzen muss.

2.1 Die dreifache Anwendung der Moderation: Lebensführung, Gesprächsführung, Organisationsführung

Moderation als Lebensführung

Moderation hat mit der Lebensführung überhaupt zu tun. Wir Menschen können nicht einfachhin nur leben. Sonst werden wir gelebt. Wir müssen unser Leben führen und damit die Zügel zu unserem Leben auch selber in die Hand nehmen. Hilde Domin sagt mit Recht: "Menschliche Freiheit bedeutet, aus dem noch etwas zu machen, was andere aus meinem Leben gemacht haben" (Brunner, 1987, S. 29).

Wir aber können das Leben nicht allein führen. Wer leben will, muss daher einen "modus vivendi" finden, der ihn mit andern - in Frieden und Freiheit - zusammen leben lässt. Darum hat Lebensführung auch mit dem "modus procedendi" zu tun. Denn wenn man gemeinsam leben und vorankommen will, muss man lernen, sich auch auf eine gemeinsame Vorgehensweise zu einigen.

Moderation als Gesprächsführung

Moderation nicht nur als persönliche Lebensführung, sondern auch als gemeinschaftliche Herbeiführung eines "modus vivendi" und "modus procedendi" hat verständlicherweise in besonderer Weise mit der Gesprächsführung zu tun. Soll das angeregte und lebendige Gespräch selbst dann nicht zum unmässigen Geschwätz werden, wenn es zum hitzigen Streitgespräch wird, muss es gemässigt, gezügelt und damit moderiert werden.

Weil es jedoch in der heissen Diskussion und Debatte schwer ist, sich *selbst* zu zügeln und sich *selber* zu moderieren, muss ein einzelner mit der Moderation betraut werden. Die Moderation bedarf der Moderatorin oder des Moderators.

Moderation als Unternehmensführung

Moderation scheint mehr und mehr nicht nur mit der Lebens- und Gesprächsführung zu tun zu haben, sondern auch mit der Unternehmensführung und der Führung einer Organisation. Vermehrt werden für die Unternehmensleitung und die Mitarbeiterführung externe Berater beigezogen. Sie scheinen sich in besonderer Weise als Moderatoren zu verstehen. Warum wohl?

Der *Berater* läuft Gefahr, allzu wörtlich genommen und als jener herbeigerufen zu werden, der teuren, aber guten Rat weiss und geeignete *Ratschläge* geben kann. Dabei zeigt sich nur zu oft, dass auch Ratschläge Schläge sein können. Es kommt nicht zur Beratung, sondern zum Schlagabtausch der Schlagfertigen. Darum hat auch die Beratung mit Macht zu tun. Schliesslich ist auch Wissen Macht. Wie kann man dieses Wissen zwar machtvoll einsetzen, aber so, dass man sich nicht der Unwissenden bemächtigt (vgl. Beitrag Krapf in diesem Buch)?

Deshalb versteht sich der heutige externe Berater weniger als einer, der von aussen her gute Ratschläge gibt. Ihm geht es vor allem darum, mit der Unternehmensführung und den Mitarbeitern gemeinsam *zu Rate* zu gehen. Dann aber muss ihm daran gelegen sein, dass er die Leute selber zum Nachdenken und zum Reden bringt. Auf diese Weise versteht sich der externe Berater stärker als früher als *Animator* des internen Gesprächs.

Derart ist der Berater gleichsam der *Gärtner*, der als Kultivator ideale Wachstumsbedingungen einer Gruppe schafft (Decker 1988; vgl. Beitrag Hirt in diesem Buch). Gerade das Bild des Gärtners und der Ausdruck "Kultivator" sind aufschlussreich und zwar aus doppeltem Grund.

Zum einen entspricht das (seit dem 17. Jahrhundert im Deutschen bezeugte) Wort Kultur das lateinische Wort "cultura" (von "colere" = pflegen). Das lateinische Wort wurde von Anfang an einerseits im Sinne von Felderbau und Bodenbewirtschaftung (Agrikultur) verwendet, anderseits im Sinne der Pflege der geistlichen Güter (Geisteskultur). Nicht umsonst nennt Fröbel 1840 seine Erziehungsanstalt für kleine Kinder "Kindergarten", indem er die erzieherische Tätigkeit mit der des Gärtners vergleicht (Hermann, 1992). Ähnlich wird das lateinische "seminarium" (Pflanzschule; von "semen" = "Samen; Setzling; Sprössling") im Deutschen seit dem 16. Jahrhundert zum Wort des schulischen und akademischen Bereichs. Umgekehrt wird (im 17. Jahrhundert) der "Pflanzgarten" zur "Baumschule". (So ist es denn ein seltsam Ding mit der deutschen Sprache. Die Kinder gehen in den Garten. Die Bäume müssen in die Schule. Hauptsache, dass beide kultiviert werden, hoffentlich moderat.)

Zum andern entspricht der Kultur das (auf das Griechische zurückgehende) Fremdwort Therapie. Denn das lateinische "colere" bedeutet im Griechischen "therapeuein". Dabei hat das griechische Wort das gleiche weite Umfeld wie das lateinische "colere". Derart besagt "therapeuein" sowohl die Tätigkeit des Hirten, der für sein Vieh sorgt, des Bauern, der seinen Acker pflegt, als auch des Fürsten oder der Fürstin, die für Land und

Leute sorgen, wie schliesslich der Ärztin oder des Arztes, der mit seiner Therapie die Menschen betreut. So war es denn auch ein Arzt, der seinerzeit gedichtet hatte:

> Freiheit sei der Zweck des Zwanges,
> Wie man eine Rede bindet,
> Dass sie, statt im Staub zu kriechen,
> Froh sich in die Lüfte windet.
>
> (F.W. Weber, Dreizehnlinden XVII,5)

Noch heute vermag dieser Vers auszudrücken, was Moderation bezweckt und ein Moderator beabsichtigen sollte.

Auf diese Weise zeigt sich: Aus der allgemeinen Moderation der Lebensführung wird mehr und mehr die Moderation eines eigenen Moderators, sei es in der Gesprächsführung, sei es innerhalb der Führungsaufgabe einer Organisation.

2.2 Die dreifache Grundaufgabe der Moderation: Modalitäten für den "modus procedendi" und den "modus vivendi"

Ob es um Lebensführung, um Gesprächsführung oder um die Führung innerhalb einer Organisation geht: immer hat Moderation mit einer dreifachen Aufgabe zu tun.

Moderation der Modalitäten

Moderieren heisst, die Modalitäten festlegen. Das Moderieren ist nie die Hauptsache. Aber es geht dabei um die hauptsächlichste Nebensache. Denn damit die Hauptsache zur Hauptsache wird und bleibt, müssen die näheren Umstände, die Bedingungen, die Einzelheiten der Durch- oder Ausführung und des gesamten Geschehens überhaupt festgelegt und eingehalten werden. Diesen Modalitäten gilt die erste Hauptverantwortung des Moderators.

Moderation des "modus procedendi"

Moderieren heisst, den "modus procedendi" festlegen und auch festhalten. Führen heisst wörtlich "fahren machen". Man darf also weder im Leben noch im Gespräch, noch in einer Organisation auf dem Sessel kleben und stehen bleiben.

Stillstand ist Tod. Es kommt auf die Bewegung an. Damit aber die Bewegung sinnvoll ist, darf sie nicht ziellos bleiben. Es muss eine zum Ziel fortschreitende und damit eine fortschrittliche Bewegung sein. Deswegen kommt es auf die richtige Prozedur, nämlich das zielgerichtete Fortschreiten an. Deswegen ist unter den verschiedenen Modalitäten der "modus procedendi" besonders wichtig. Dafür zu sorgen, dass man nicht stehen bleibt, sondern vom Fleck kommt und sich dem Ziel nähert, ist die zweite Hauptsorge der Moderation.

Dabei ist nicht zuletzt Sorgfalt darauf zu verwenden, dass möglichst alle vom Fleck kommen und das Ziel erreichen. Damit dies geschieht, müssen sich die Aktivitäten des Moderators (nach Redel, 1987) auf eine doppelte Ebene erstrecken, nämlich die sachlich-intellektuelle und die sozio-emotionale Ebene.

1. Auf der sachlich-intellektuellen Ebene obliegt dem Moderator eine *Lokomotionsfunktion*: "Präsentation des Problems. Anregen der Teilnehmer zu aufgabenbezogenen Beiträgen, Förderung einer ausgewogenen Kommunikation. Zurückführung der Gruppe oder einzelner Teilnehmer an die Themenstellung im Falle abschweifender Diskussionsbeiträge. Einhaltung des Zeitplans. Zusammenfassung von Zwischenergebnissen, methodische Hilfestellungen u.ä.".

2. Auf der sozio-emotionalen Ebene obliegt dem Moderator die *Kohäsionsfunktion*. "Bewusstmachung und Abbau sozio-emotionaler Spannungen. Erinnerung an Verhaltensregeln. Schutz einzelner Teilnehmer vor persönlichen Angriffen, Förderung von Konzilianz, Unterstützung von Teilnehmern mit niedrigem Status oder geringen rhetorischen Fähigkeiten u.ä.".

Moderation des "modus vivendi"

Moderieren heisst, für einen "modus vivendi" sorgen. Das Ziel der Lebensführung ist das Leben selbst als lebenswertes und darum auch erstrebenswertes Leben. In diesem Sinne ist das Ziel der Lebensführung eine bekömmliche Lebensweise. Darum muss das Ziel auch der Moderation der "modus vivendi" sein.

Zumal beim "modus vivendi" tritt der *Grundzug der Moderation* deutlich hervor. Oft ist eine Lebensweise, die jeden einzelnen und alle zusammen völlig zufriedenstellt, nicht zu erreichen. Die Interessen sind zu verschieden. Die Zeit, ein allseits zufriedenstellendes Ergebnis zu erreichen, ist zu kurz. Doch auch jetzt und inzwischen muss man leben. Dann müssen alle etwas von ihren Interessen zurücknehmen und miteinander jenen "modus vivendi" vereinbaren und einhalten, der zwar keinen voll und ganz befriedigt, wohl aber jeden und alle leben und gütlich miteinander auskommen lässt.

Einen solchen "modus vivendi" zu erreichen und zu gewährleisten, wird häufig das behutsam - mit Ausdauer und Phantasie - anzustrebende Ziel der Moderation sein. Dabei ist klar: Wer auf einen "modus vivendi" abzielt, muss dafür sorgen, dass schon auf dem Weg dazu - in der Verhandlung oder Diskussion - ein minimaler "modus vivendi" erreicht und eingehalten wird. Darum hat Moderation auch mit Toleranz und Kompromissbereitschaft zu tun. Dies besagt genauer:

1. *Toleranz* ist die Fähigkeit und Bereitschaft mit unterschiedlichen Meinungen und Handlungsvorhaben umzugehen. Sie ist die Fähigkeit und Bereitschaft, in Achtung der Würde einer anderen Person
- bei einer abweichenden *Meinung* dieser Person bis zum Beweis des Gegenteils
  - einerseits eine lautere Absicht zu unterstellen,
  - anderseits gute Gründe zuzubilligen (auch wenn man sie selbst für nicht stichhaltig wertet);
- bei abweichendem *Handelsvorhaben und Handeln* dieser Person so lange einen freien Spielraum des Handelns offenzuhalten, bis die Rechte anderer verletzt werden;
- die *eigene Überzeugung* bekannt zu machen,
  - indem man dafür nachvollziehbare Gründe anführt,
  - und dies in der Überzeugung, dass die Kenntnisnahme auch einer anderen Überzeugung der gegenseitigen Wahrheitssuche und Wahrheitsfindung dienlich ist.

2. *Kompromiss* ist die Beendigung eines Konfliktzustandes nicht durch das Diktat des Stärkeren, sondern durch gütliches Einvernehmen. Kompromissbereitschaft ist die Fähigkeit und der Wille,
- auf die volle Durchsetzung auch seiner berechtigten Einzelinteressen zu verzichten,

- weil der länger gesicherte Friede
  • einerseits als wichtigeres und dringlicheres Gut gewertet wird;
  • anderseits nur durch einen solchen gegenseitigen Verzicht erreichbar ist.

2.3 Die drei Grundeigenschaften des Moderators: massvoll, gemässigt, mässigend

Moderieren heisst, die Modalitäten eines "modus procedendi" festlegen, damit ein "modus vivendi" erreicht werden kann. Über welche Grundeigenschaften muss der verfügen, der derart moderieren will? Anders gefragt: Wer ist zur Moderatorin oder zum Moderator besonders geeignet? Allgemein lässt sich wohl folgendes sagen:

"Wichtige Anforderungen an einen Moderator sind: Hohe Interaktions-, geringe Selbstorientierung; Problemneutralität; auf Vertrauen und Achtung basierende Konzilianz; vorurteilsfreie, unabhängige Einstellung gegenüber den Teilnehmern; Fähigkeit, das Problem in seiner Gesamtheit zu sehen und durch situationsgerechte Fragen zu aktivieren; Kenntnisse über die Auswirkungen gremieninterner Gestaltungsmassnahmen (Redel, 1987, 547)".

Wenn man diese wichtigen Anforderungen bündelt, kommt man zur Einsicht: Die Moderatorin oder der Moderator sollte eine massvolle Persönlichkeit sein.
- die einerseits gemässigt ist, weil sie selber Mass nimmt,
- die andererseits mässigend wirkt, weil sie
  • massvoll
  • Mass gibt.
  • Massstäbe setzt.
Was besagt dies im einzelnen?

Der Moderator sollte eine massvolle Persönlichkeit sein.

Persönlichkeit ist ein Mensch, der erstens in und zu sich steht. Er hat Charakter und Charakterstärke. Zweitens ist er einflussreich. Denn zum einen lässt er sich beeinflussen (freilich ohne dass er unkritisch diesen Einflüssen erliegt). Zum anderen vermag er auf andere Einfluss zu nehmen, weil er fachlich und menschlich kompetent ist. Zum dritten ist er angesehen, weil er über den Kreis seiner Gesinnungsgenossen hinaus Ansehen verdient (selbst dann, wenn er lange Zeit als verkannte Persönlichkeit durchs Leben gehen sollte). Dies alles, weil er das Mass in sich trägt und darum massvoll ist.

Der Moderator sollte eine gemässigte Persönlichkeit sein.

Gemässigt ist, wer selber an einem Massstab Mass nimmt und sich nicht selber zum Masse anderer setzt. Gemässigt ist sodann, wer sein Temperament mässigen kann. Gemässigt ist schliesslich, wer seine Vorliebe so weit kritisch zu zügeln imstande ist, dass er sich nicht von Vorurteilen leiten und bestimmen lässt.

Kurzum: Die Spielregel, auf die hin der Moderator die andern verpflichtet, beobachtet als erster er selbst. Die grundlegende Spielregel ist die *Goldene Regel*: "Behandle die andern so, wie du von ihnen selber behandelt werden möchtest" (Fuchs, 1991). Gerade weil er massvoll und gemässigt ist, vermag der Moderator sich so in die andern hineinzudenken und hineinzufühlen, dass für ihn jeder er selbst ist und es auch sein soll. Der Eigenart und Einzigartigkeit eines jeden bewusst, hilft er - moderierend und animierend -, dass der andere einerseits seinen eigenen Beitrag erbringen kann und anderseits dadurch auch sich selber verwirklicht.

Der Moderator sollte als massvolle und gemässigte Persönlichkeit mässigend wirken.

Weil ein guter Moderator selber gemässigt und massvoll *ist*, kann er auch massvoll *wirken*. Warum? Durch seine erfolgreiche Wirksamkeit erwirbt er sich Ansehen. Er kann sich nicht nur sehen lassen. Man schaut auch tatsächlich auf ihn. So wird er zum Vorbild und Beispiel. Darum strebt und eifert man ihm nach. Daher wirkt er auch mässigend auf andere. Das heisst: Er gibt das Mass an.

Um Mass geben zu können, bedarf es eines Massstabes. Dies besagt, dass er einerseits nicht willkürlich vorgeht und darum anderseits alle mit dem gleichen Massstab misst. Er ist unparteiisch. Aber indem er auch selber sich an den Massstab hält, mit dem er andere misst, wird er durch seine Person vorbildhaft zum Massstab und setzt er durch sein Wirken den Massstab für andere.

Als massvolle und gemässigte Persönlichkeit gibt der Moderator nicht nur das Mass, sondern auch den Ton an. Er ist tonangebend. Darum bedarf er eines feinen Musikgehörs. Er muss nicht nur die falschen Töne herausspüren, sondern auch die Zwischen- und Nebentöne herausfühlen. Wer aber so den Ton angibt, sorgt zugleich für die richtige Spannung. Denn der Ton hat es (als "tonus") immer auch mit der Spannung zu tun. Deshalb muss der Moderator für Spannung sorgen und darum einerseits der Langeweile wehren, anderseits der Überspanntheit begegnen.

Kurzum: Der Moderator oder die Moderatorin sollte eine Persönlichkeit sein, die deswegen mässigend wirken kann, weil sie selber massvoll ist, anderen das Mass gibt und Massstäbe setzt (indem sie sich selber einem höheren Mass unter- und eingeordnet weiss). Welche Aufgabe obliegt nun einer solchen moderat moderierenden Persönlichkeit?

Eine erste Antwort liegt nahe: Indem der Moderator die Spielregeln bekannt gibt, bei Regelwidrigkeiten die Spielregeln wieder in Erinnerung ruft und ihnen Beachtung verschafft, amtet er als unparteiischer Schiedsrichter. Allein ist damit die Aufgabe des Moderators genügend umschrieben? Es empfiehlt sich danach - abschliessend - eigens zu fragen.

3. Was muss der Moderator tun, damit er seiner Aufgabe gemäss handelt?

Worin besteht die Aufgabe der Moderation? Was muss der Moderator tun, damit er seiner Aufgabe *gemäss* handelt? Vom *Wort* her, muss er messen, mässigen, *moderieren*. Von der *Sache* her, muss er motivieren, animieren, *dirigieren*.

Vielleicht zeigt der Vergleich mit dem Dirigenten am besten, was die Aufgabe des Moderators ist. Er ist Dirigent, sei es im eigenen Hause, sei es als Gastdirigent auswärts. Aber er ist nicht Direktor.[10]

---

[10] Redel (1987) weist darauf hin, dass der Moderator in formaler Hinsicht rangmässig ein gleichgestelltes Gruppenmitglied ist. Er fügt hinzu: "Nicht nur wegen der zumindest internen rangmässigen Gleichstellung, sondern auch um das Wissensreservoir des Gremiums zu nutzen und etwaige negative Konformitätseffekte auszuschalten, sollte der Moderator die Diskussion in erster Linie durch offene Fragen steuern und sich selber weitgehend problemneutral verhalten. Die Fragen sollten explorativer Natur sein und keine Wertungen beinhalten."

3.1 Der Moderator: Dirigent - nicht Direktor

Dem Dirigenten obliegt eine dreifache Aufgabe. Zum ersten hat er dafür zu sorgen, dass das Stück gespielt wird, das angesagt ist. Er muss darauf bestehen, dass man bei der Sache bleibt und nicht nach Lust und Laune spielt, was einem gerade einfällt oder beliebt. Kurz: Es geht um Sachlichkeit.

Zum zweiten obliegt dem Dirigenten, das Orchester in Bewegung zu bringen, im Schwung zu halten, ja es in Begeisterung zu versetzen. Er ist nicht nur mässigender Moderator, sondern begeisternder Animator. Mit seiner eigenen begeisternden Persönlichkeit beseelt er die Partitur und erweckt sie zum Leben. Kurz: Werktreue heisst für ihn nicht blosse nüchterne Sachlichkeit, sondern persönlich prägendes Engagement.

Endlich muss sich der Dirigent mühen, dass die Mitglieder des Orchesters zum Ensemble werden. Es genügt nicht, dass - im Nebeneinander - einer zusammen mit anderen spielt. Vielmehr müssen - im Miteinander - alle zusammenspielen. Kurz: Er ist Koordinator.

Auf diese Weise die Aufgabe des Moderators mit der dreifachen Aufgabe des Dirigenten vergleichend, lässt sich die Obliegenheit des Moderators, wie folgt, umschreiben:

Die Aufgabe des Moderators ist:

1. Er gibt taktvoll, schwungvoll und begeisternd
2. den Takt an,
3. indem er den Taktstock nicht aus der Hand gibt.

Das gilt sowohl dann, wenn der Moderator eine Diskussion zu moderieren hat, als auch dann, wenn er in einer Organisation tätig ist. Besonders gut lässt sich seine Aufgabe als Dirigent im Blick auf eine Diskussion verdeutlichen.

3.2 Die Aufgabe des Moderators als Diskussionsleiter

Die Gefahr jeder Diskussion ist, dass sie ausufert. Man bleibt nicht beim Thema. Man redet nicht mit-, sondern durcheinander und gründlich aneinander vorbei. Die einen reden viel zu viel, andere zu wenig, wieder andere kaum. Manche haben zwar viel zu sagen. Doch sie sind nicht imstande, es richtig auszudrücken und die treffende Formulierung zu finden. Um diesen Schwierigkeiten einer Diskussion zu begegnen, ist der Moderator da. Was hat er also in einer Diskussion zu tun?

Der Moderator ist taktvoll.

Er weiss, was sich gehört. Er ergreift zwar Partei. Aber er ergreift Partei für die auszudiskutierende, zu suchende und nie ganz zu findende Wahrheit. In der Parteinahme für die Wahrheit wird er nicht zum Parteigänger von Interessen. Darum ist er unparteiisch. Er ist Schiedsrichter. Er gibt die Spielregeln bekannt und verschafft ihnen Geltung.

Mehr noch: Schon Aristoteles wusste, dass man nicht von allen Menschen das Gleiche fordern kann. Vielmehr ist die Eigenart jedes Menschen zu berücksichtigen. Darum muss der jeweiligen Lage eines Menschen ein genügender Spielraum eingeräumt werden. Indem der Moderator den für jeden Menschen individuellen Spielraum herauszufinden und offenzuhalten sucht, ist er behutsam und geht - taktvoll - auf die Besonderheiten der einzelnen Gesprächsteilnehmer ein.

Der Moderator gibt den Takt an.

Den Takt anzugeben, ist Hauptaufgabe des Moderators. In der Diskussion hat er sie in dreifacher Weise zu erfüllen:

1. Der Moderator gibt den Takt der Diskussion an, indem er die *Zeit bemisst*. Jede Diskussion hat eine bestimmte Zeit. Sonst wird sie zum Geschwätz. In diesem Zeitraum muss jeder Gesprächsteilnehmer seine Zeit haben. Der lautstarke Vielredner muss gezügelt, dem eher Schüchternen muss sein genügender Zeitraum offengehalten werden. Denn der Schüchterne braucht Zeit, bis er sein Wort findet und gesagt hat.
2. Der Moderator gibt den Takt an, indem er jedem seinen *Freiraum zumisst*. Es muss jeder in Freiheit reden können. Deshalb braucht jeder seinen Freiraum, zu reden. Darum darf er nicht durch ungezügelte und unmässige Dreinredner gestört werden. Zugleich ist der Freiraum des Redens noch lange kein Freilauf der Geschwätzigkeit. Jeder kann zwar in Freiheit reden. Doch hat er zum Thema zu reden und zur Wahrheitssuche beizutragen. Wenn einer aus dem Freiraum des Redens in die Wildbahn blossen Geredes gerät oder als Freibeuter in fremden Gewässern fischt, muss er in den Freiraum zurückgeführt werden, der ihm innerhalb des gegebenen Teams eingeräumt ist.

3. Der Moderator gibt den Takt an, indem er für einen *angemessenen Ton* sorgt. In aller Freiheit die Wahrheit sagen, ist das eine. Den andern zum Freiwild von Gehässigkeiten und Anwürfen machen, ist das andere. Rhetorischer Schaum vor dem Mund, ist noch kein Argument für den Verstand. Die Wahrheit muss mit dem Kopf gesucht und darf nicht mit dem Kehlkopf niedergeschrien werden. Gewiss hat das Herz seine eigenen Gründe, die der Verstand nicht kennt (Pascal).[11] Aber auch das Herz muss mit *Gründen* kommen und nicht bloss mit Emotionen.
Deshalb hat der Moderator einerseits dafür zu sorgen, dass keine beleidigenden Äusserungen fallen oder, wenn sie gefallen sein sollten, zurückgenommen werden. Er muss zu Ordnung und Anstand rufen. Anderseits hat er dafür zu sorgen, dass die Emotion die Argumentation nicht verdrängt.

Der Moderator darf den Taktstock nicht aus der Hand geben.

Gewiss ist es die Hauptaufgabe des Moderators, das Gespräch zu leiten und die Gesprächsteilnehmer so zu lenken, dass sie in Freiheit, aber auch in wechselseitiger Achtung der Freiheit der andern gemeinsam die Wahrheit suchen. Darum muss er taktvoll den Takt angeben und auf die bemessene Zeit, den zugemessenen Raum und den angemessenen Ton achten. Allein das genügt nicht.
Wer wirklich das Gespräch leiten und führen will, muss dafür sorgen, dass die Schritte auf dem Weg der Wahrheitsfindung einerseits deutlich sind, anderseits für alle deutlich gemacht werden.
1. Die Diskussionsbeiträge müssen *deutlich* werden. Vielleicht ist es einem Gesprächsteilnehmer nicht gelungen, seine Meinung klar genug auszudrücken. Dann gehört es zur Aufgabe des Moderators, dessen Aussage zu verdeutlichen und zu klären. Er muss also helfen, dass der Beitrag eines jeden Gesprächsteilnehmers seine optimale Form und Klarheit erhält. Das ist sein Dienst für den Gesprächsteilnehmer.

---

[11] In der Pensées-Fragment-Zählung von L. Brunschvicg (Fragment 227). Zu Pascals Gedanken über die "Médiocrité" vgl. Splett, 1978; das Zitat S. 86. - Für die Belege zum Begriff der "richtigen Mitte" (juste milieu) vgl. auch Büchmann, 1990, S. 206. Hier auch die Verweise sowohl auf Ovid und Horaz als auch auf Sedelmayers "Verlust der Mitte".

2. Von Zeit zu Zeit muss er dafür sorgen, dass die erzielten Ergebnisse deutlich gemacht und *festgehalten* werden. Nach einiger Zeit muss er die Diskussion kurz unterbrechen und anhand dreier Fragen sich des Verlaufs der Diskussion vergewissern:
- Wovon sind wir ausgegangen?
- Was hat sich bisher dazu ergeben?
- Was bleibt weiterhin zu fragen?
Das ist sein Dienst am Gespräch und an der Gesprächsgemeinschaft.

Die eigentlich geistige Arbeit, aber auch Anstrengung des Moderators liegt hier. Es braucht eine hohe Aufmerksamkeit und einen hohen Sachverstand, um unklar geäusserte Ansichten klärend neu zu formulieren. Nicht weniger Aufmerksamkeit und Kompetenz ist erforderlich, um ohne Umschweife, kurz, aber genau - von Zeit zu Zeit - die Zwischenergebnisse und - am Ende - das Gesamtergebnis festzuhalten.

Wie anstrengend und schwierig es ist, einerseits die Diskussionsergebnisse festzuhalten, ohne andererseits schulmeisterlich zu wirken, weiss nur, wer sich selber darum bemüht hat. Wie oft ist man gegen das Ende einer Diskussion hin so ermüdet, dass es einem kaum mehr gelingt, die wirren Diskussionsfäden zu sammeln und miteinander zu verknüpfen, so dass ein Gesamtbild entsteht. Eines wird einem dabei - oft schmerzlich - klar: Eine Diskussion zu leiten, ist anstrengend. Diskussionsleiterin oder Diskussionsleiter wird man nicht an einem Tag.

3.3 Die Aufgabe des Moderators als Berater im Unternehmen

Es kommt nicht von ungefähr, dass der Berater in einem Unternehmen oder einer Organisation sich heute vor allem als Moderator versteht. Damit soll wohl zum Ausdruck gebracht werden, dass er nicht so sehr zu dirigieren hat, sondern eher moderieren soll. Doch was bedeutet moderieren in diesem Zusammenhang?

Man wird wohl davon ausgehen dürfen, dass man das Wort "Moderation", wie es uns im Zusammenhang mit einer Diskussionsleitung begegnet, für geeignet gefunden hat, auch die Obliegenheiten eines Beraters im Unternehmen zu bezeichnen. Dennoch scheint es durch die Übertragung von der Diskussionsleitung zur Organisationsberatung einen Bedeutungswandel erfahren zu haben (Redel, 1987).

Der Moderator in der Organisation ist Katalysator.

Katalysator ist nach dem Duden "der Stoff, der durch seine blosse Anwesenheit chemische Reaktionen herbeiführt oder ihren Verlauf bestimmt" (Duden, 1989). Auf den Moderator übertragen, heisst dies:

Manchmal sind in einem Unternehmen oder einer Organisation die Gleise so festgefahren, die Gedanken so verhärtet, die Fronten derart erstarrt, dass nichts mehr läuft und die Leichenstarre droht. Soll das Leben weitergehen oder erneuert werden, muss ein neues Element hinzukommen, das durch seine blosse Anwesenheit das Verkrustete und Eingepanzerte wieder in Bewegung bringt. Ein solches Element muss der Moderator sein. Schon durch seine blosse Anwesenheit und damit durch seine Persönlichkeit muss er belebend wirken. Wiederbelebungsversuche sind seine erste Aufgabe.

Jede Wiederbelebung setzt jedoch eine Diagnose voraus. Sie ist soweit wie möglich mit einer Prognose zu verbinden. Will also der Moderator als Katalysator wirken, muss er analysieren können. Darauf weist schon das griechische Wort hin. Sowohl das griechische "katalysis" als auch das griechische "analysis" bedeuten zunächst Auflösung.

Der Unterschied besteht darin: Die *Analyse* bedeutet die (vorgängige) Untersuchung (als Zergliederung). Die *Katalyse* meint die Herbeiführung dessen, was sich aus der Untersuchung als notwendig erwiesen hat. Dies geschieht durch den Katalysator, der (als zeitlich beschränkt verwendete Substanz) "die Aktivierungsenergie für den Ablauf bestimmter Prozesse massiv herabsetzt" (vgl. den Beitrag Hirt in diesem Buch).

Daraus folgt, dass der Moderator als Katalysator eine doppelte Aufgabe hat:
1. Zunächst ist der Moderator *Analysator*. Er hat sich um eine sorgfältige Analyse der Probleme zu bemühen. Daher muss er fähig sein, eine komplizierte Problemlage auf ihre bestimmenden Elemente hin zu untersuchen und in ihnen die Gründe für das Problem erkennen.
2. Der Moderator ist *Katalysator*. Er kann sich nicht damit begnügen, das Problem analytisch zu erkennen. Er muss auch zur Problemlösung beitragen. Das heisst nicht, dass er in der eigenen Person eine Problemlösung vorzulegen und durchzusetzen hätte. Wohl aber muss er imstande sein, dafür zu sorgen, dass es zur Problemlösung kommt. Darum muss er als Katalysator auch zum Animator werden.

Der Moderator in der Organisation ist Animator.

Weil der Berater oft zu Wiederbelebungsversuchen herbeigezogen wird, darf er nicht zum Hecht im Karpfenteich werden. Es gibt zwar nicht wenige Berater, die sich als solche Hechte vorkommen und entsprechend aufführen. Doch oft hat dies weniger mit ihrer Wirksamkeit und Aufgabe zu tun. Es ist mehr ihr eigener Drang zur Selbstdarstellung, der sie einerseits die Rolle des Hechts übernehmen lässt, der sie jedoch anderseits zum Moderator völlig untauglich macht.

In diese Richtung deutet jener Witz, der nach dem Unterschied zwischen Berater und einem Fussgänger auf einer Brücke fragt. Es gibt nämlich keinen Unterschied. Beide schrecken die Möwen, die auf dem Geländer sitzen, auf. Doch in beiden Fällen lassen sich die Möwen alsbald wieder anderswo häuslich nieder. Es hat sich viel bewegt, aber nichts getan. Viel Lärm um nichts.

Will also der Berater nicht zum Möwen-Aufschrecker werden, darf er sich nicht mit der Rolle des Katalysators und Analysators begnügen. Er muss sich tiefer und weiter als Animator verstehen. Er muss ermutigen und ermuntern können. Er muss die Menschen dazu bringen, dass sie ehrlich und offen ihre Probleme auf den Tisch des Hauses legen.

Das gelingt oft nur, wenn er diskret und behutsam, aber bestimmt den Herrn des Hauses daran hindert, ins begonnene Gespräch einzugreifen und zu blockieren. Oft muss er die Mitarbeiter animieren und die Unternehmensleitung moderieren. Die Mitarbeiter sollen endlich den Mund auftun. Die Unternehmensleitung soll ihn endlich einmal schliessen und für ein Weilchen die Luft anhalten.

Der Moderator in der Organisation ist Koordinator.

Allerdings und selbstverständlich geht es nicht ohne die Unternehmensleitung. Darum muss der Moderator das Vertrauen auch der Unternehmensleitung gewinnen. Die Unternehmensleitung muss ihm zutrauen, dass es zu ihren und des Unternehmens Gunsten ist, wenn die Mitarbeiter offen reden. Darum muss sie dem, den sie als Moderator bestellt, einen Vorschuss an Vertrauen zubilligen (Bierhoff, 1987).

Erst wenn man beispielsweise die Wünsche und Ziele der Mitarbeiterschaft auf der einen Seite, die Pläne und Ziele der Unternehmensleitung auf der andern Seite klar kennt, kann man wirksam an die Problemlösung gehen. Daher gilt es, die Ziele beider Gruppen zu koordinieren.

Meistens sind es nicht nur zwei Personenkreise, sondern noch viele andere. Man denke an Kunden und Lieferanten. Man vergesse die Beamten und Politiker nicht. Je mehr wir vom "vernetzten Denken" reden, desto notwendiger wird die Aufgabe der Koordination. Denn wenn es bei der blossen Vernetzung bleibt, zappeln bald alle als arme Fliegen im Spinnennetz professoraler und professioneller Vernetzung.

Die Aufgabe der Koordination geschieht nicht ein für allemal. Sie ist vielmehr Prozessbegleitung. So wie der Gruppenprozess abläuft, so muss die Koordination immer wieder, der Lage der Gruppe entsprechend, geschehen. Derart ist Moderation Prozesssteuerung (vgl. den Beitrag Pieper in diesem Buch) und Teamentwicklung (durch Forming, Storming, Norming und Performing) (vgl. den Beitrag Pieper in diesem Buch).

Aus alledem ergibt sich: Im Unternehmen und in einer Organisation ist der Moderator ein *Katalysator*, der Festgefahrenes, aber inzwischen vielleicht nicht mehr Zweckmässiges in Bewegung bringt. Er ist fähig, die Probleme zu *analysieren*, die Menschen zu einem offenen Erfahrungs- und Gedankenaustausch zu *motivieren* und die dabei gesichteten und erarbeiteten Problemlösungen zu *koordinieren*.

Diese sachliche Aufgabe wird er dann am besten wahrnehmen können, wenn er die sachliche Kompetenz mit jener Menschlichkeit erfüllt, die sich nicht selbst in die Mitte stellt, sondern sich zurückhält, damit die Organisation, ihre gegenwärtigen Probleme und ihre künftigen Aussichten den Mittelpunkt bilden und alle am Unternehmen Beteiligten sich als Hauptperson und nicht als Nebensache erfahren. Demzufolge ist der beste Moderator nicht der, der von sich reden macht, sondern jener, von dem man redet, weil er der Sache dient, indem er zwar hinter der Sache steht, aber selber hinter sie zurücktritt.

4. Ergebnis: Massgebend

1. Moderieren heisst ursprünglich: mässigen.
2. Heute heisst moderieren vor allem: eine Diskussion leiten. Als Diskussionsleitung bedeutet die Moderation vor allem, als *Dirigent* zu animieren und zu dirigieren.
3. Mehr und mehr wird Moderation auch auf die Beratertätigkeit angewandt. In der Organisation- oder Unternehmensberatung heisst Moderation zusätzlich, als Katalysator zu analysieren, zu animieren und zu koordinieren.

4. Auch bei der heutigen Moderation, sei es in der Diskussion, sei es in der Organisation, sollten drei alte Worte nicht vergessen werden:
   - Der alte Römer Horaz sagt: "Est modus in rebus - Richtig ist, was die Extreme vermeidet und das Mass der Mitte hält, ohne zur Mittelmässigkeit zu werden."
   - Der Jesuitengeneral Aquaviva mahnt: "Fortiter in re, suaviter in modo - In der Sache, im Grundsätzlichen und Prinzipiellen muss Klarheit herrschen. Im Umgang mit der Sache und in der Anwendung von Prinzipien und Grundsätzen soll massvolle Milde walten."
   - So sehr der Teufel im Detail hockt, so wenig darf man sich im Detail verlieren. Es gilt, den Überblick zu behalten und das Hauptaugenmerk darauf zu richten, dass es "grosso modo" stimmt.
5. Ohne Prinzipien herrscht das Chaos. Ohne Moderation in der Anwendung der Prinzipien wird aus dem grossen Kosmos der Ordnung die blosse Kosmetik mittelmässiger Ordentlichkeit. Dem einen wie dem anderen zu wehren, ist die verantwortungsvolle, schwierige, aber auch herausfordernde Aufgabe der Moderation. Wenige Moderatoren werden ihr voll und ganz gerecht. Es ist schon viel, wenn sie ihr - grosso modo - genügen.
6. Damit ist zugleich gesagt: Moderation ist nicht ein Kind unserer Tage, sondern ein altes menschliches Bemühen. Es kann daher nicht schaden, *auch* bei den Alten in die Schule zu gehen. Sonst wird man leicht zu jenem einsam aufgewachsenen Sonderling, "der das Wagenrad (nochmals) erfindet, wo es doch in der übrigen Welt längst an Kutschen, Karren und dergleichen wimmelt" (Ueding & Steinbrink, 1986, S. 164).

Es stimmt nachdenklich, wenn - im Hinblick auf die Rhetorik - Kenner sagen:

"Theoretische Differenziertheit, Problembewusstsein, methodischer und technischer Rang der antiken Rhetorik übertreffen den Standard der Kommunikationswissenschaft bis heute bei weitem, und allein im Bereich der empirischen Wirkungsforschung (Laboratoriumsexperimente, Studio- und Heimtests, Interviews oder Repräsentativumfragen usw.) ist es zu einer Ausweitung und Differenzierung der Methoden gekommen, die von der rhetorischen Tradition wegführen", mit dem überraschenden Ergebnis, "dass nach fünfzig Jahren Wirkungsforschung die Substanz gesicherter Erkenntnis eher einer Konkursmasse denn einem prosperierenden wissenschaftlichen Fundus gleicht" (Klaus Merten bei Ueding & Steinbrink, 1986, S. 163).

Nur wer - nachdenklich geworden - nachzudenken vermag, vermag weiterzudenken. Gewiss: Es muss Vordenker geben. Allein Moderatoren müssen (mindestens auch) Nachdenker sein. Nicht der schnelle Schwätzer, sondern der nachdenkliche Mensch, der mitzudenken versteht, ist ein guter Moderator.

Literaturverzeichnis

Bierhoff, H.W. (1987). Vertrauen in Führungs- und Kooperationsbeziehungen. In A. Kieser, G. Reber & R. Wunderer (Hrsg.), Handwörterbuch der Führung (S. 2028 - 2038) Stuttgart: C.E. Poeschel Verlag.
Brockhaus (1991). Enzyklopädie 14. Band. Mannheim: Brockhaus-Verlag.
Brunner, G. (1987). Selbstverwirklichung und Identitätsfindung. In K. Hilpert, Selbstverwirklichung (S. 21 - 40). Mainz: Matthias Grünewald Verlag.
Büchmann, G. (1990). Geflügelte Worte. Der Zitatenschatz des deutschen Volkes. 37. Auflage, bearbeitet von Winfried Hofmann (Frankfurt/Main: Holstein-Verlag.
Burkhard, W. (1945). Schriftwerke der deutschen Sprache 1. Aarau: Verlag H.R. Sauerländer.
Duden (1989). "Etymologie" Herkunftswörterbuch der deutschen Sprache (Zweite völlig neu bearbeitete und erweiterte Auflage von Günther Drosdowski). Mannheim: Duden-Verlag.
Fuchs, J. (1991). Die schwierige Goldene Regel. Stimmen der Zeit, 116, S. 773 - 781.
Grawe, C. (1974). Homo-mensura-Satz. In: Ritter (Hrsg.), Historisches Wörterbuch der Philosophie 3. Basel: Birkhäuser-Verlag.
Grimm, I. & Grimm, W. (1885). Deutsches Wörterbuch 6. Leipzig: Verlag von S. Hirzel.
Holzherr, G. (1980). Die Benedikts-Regel. Eine Anleitung zum christlichen Leben. Zürich: Benziger-Verlag.
Klosinski, G. (1981). Jugendkrise: Spiegelbild unserer Gesellschaftskrise? (Probleme der Adoleszenz im Lichte der Gesellschaftskrise der Gegenwart). In R. Lempp (Hrsg.), Adoleszenz, biologische, sozialpädagogische und jugendpsychiatrische Aspekte (S. 64 - 76) Bern: Hans Huber Verlag.
Lambert, B.M. (1988). Discretio. In: C. Schütz (Hrsg.), Praktisches Lexikon der Spiritualität. Freiburg: Verlag Herder.
Laun, A. (1990). Mass. In: H. Rotter & G. Virt (Hrsg.), Neues Lexikon der christlichen Moral (463 - 465). Innsbruck: Tirolia Verlag.
Loyola, Ignatius von (1978). Geistliche Übungen und erläuternde Texte (übersetzt und erläutert von P. Knauer). Graz: Styria-Verlag.
Melzer, F. (1965). Das Wort in den Wörtern. Ein theo-philologisches Wörterbuch. Tübingen: Verlag J.C.B. Moor (Paul Siebeck).

Niehl, F.W. (1982). Neue Koordinaten - Ein Essay über den jüngsten Bewusstseinswandel in Kirche und Gesellschaft. In: F.W. Niehl (Hrsg.). Warum geht es nicht mehr wie früher? Zum Strukturwandel in der Kirche (S. 8 - 49) München: Kösel-Verlag.

Ottmann, H. & Rücker, H. (1980). Mass. In: Ritter (Hrsg.), Historisches Wörterbuch der Philosophie 5. Basel: Birkhäuser-Verlag.

Paul, H. (1992). Deutsches Wörterbuch (9. vollständig neu bearbeitete Auflage von H. Henne und G. Objartel.) Tübingen: Max Niemeyer Verlag.

Redel, W. (1987). Führungsgremien. In: A. Kieser, G. Reber & R. Wunderer (Hrsg.), Handwörterbuch der Führung. Stuttgart: C.E. Poeschel Verlag.

Reichert, H.G. (1980). Urban und human: Unvergängliche lateinische Spruchweisheit (Unveränderter Nachdruck der 4. Auflage). St. Ottilien: EOS-Verlag.

Rotter, H. (1975). Mass. In: W. Stöckle (Hrsg.), Wörterbuch christlicher Ethik, Freiburg i.Br.: Herder Verlag.

Schäfer, J. (1972). Walter von der Vogelweide. Werke. Darmstadt: Wissenschaftliche Buchgesellschaft.

Splett, J. (1978). Der Mensch ist Person. Frankfurt/Main: Knecht Verlag.

Ueding, G. & Steinbrink, B. (1986). Grundriss der Rhetorik. Geschichte, Technik, Methode. Stuttgart: J.B. Mezlersche Verlagsbuchhandlung.

Bruno Krapf

Moderation und Macht
Überlegungen zur Bedeutung der Macht in der Beratung

Macht ist eine Realität in sozialen Organisationen. Beratung verändert die Machtverhältnisse immer dann grundlegend, wenn sie auf die Erhaltung von Veränderung aus ist. Individuelle, interaktionelle und institutionelle Konstellationen haben ihre eigene psychische Ausprägung. Nachdenkend, nachfühlend und nachhandelnd sind Veränderungen zu erwarten, die den Vorstellungen eines systemischen Gesamtverständnisses entsprechen. Die Lebendigkeit der beteiligten Persönlichkeiten ist der Garant für ganzheitliche Entwicklung. Unternehmensberatung kann so als Entwicklungschance für alle verstanden werden.

Power is a reality in social organisations. Counselling makes fundamental modifications in power relations whenever its aim is to ensure lasting change. Individual, interactional and institutional constellations have their own psychological dimensions. Changes can be expected to occur after a period of reflection and post-counselling procedures when these changes arise from an understanding of the total system. The personality of the individuals involved is the guarantee for holistic development. Viewed in this light, management counselling and consulting can be seen as an opportunity for the development of all those involved.

Vorbemerkungen

Es geht im folgenden Text darum, psychologische Überlegungen zum Thema Moderation und Macht anzuregen. Es wird die These vertreten, dass bei jeder Beratung Macht im Spiel ist, obwohl die Beteiligten sich dessen nicht immer bewusst sind. Die Macht der BeraterInnen wird besonders deutlich, wenn sie die Lebendigkeit eines Unternehmens unterstützen und gegen die Stabilisierung von Machtansprüchen arbeiten. Macht ist auch bei der Moderation im Spiel, indem das reflektierte Mitarbeiten bei Problemlösungen zu Organisationsveränderungen führt, die einer Umstellung von Machtpotentialen gleichkommt. Sie wird im Gegensatz zu beratungsorientierten Aktivitäten in der Moderation jedoch nicht als Empfehlung an die Unternehmung herangetragen. Moderation unterstützt bei den Beteiligten die Wahrnehmung von Machtkonstellationen und stärkt aufgrund glaubwürdiger Aussenbetrachtung die Bereitschaft zu Veränderungen.

1. Das sozialethische Vorverständnis von Moderation

Der Ausdruck Moderation mag in manchen Menschen die Vorstellung wecken, als handle es sich bei dieser Tätigkeit um ein moderates Mitarbeiten in Institutionen. Kooperativ, freundlich, auf Machtansprüche verzichtend, zeigen sich ModeratorInnen von der menschlichen Seite. Helfen und Unterstützen stehen im Vordergrund. Beherrschen und manipulieren wäre verpönt. Machtansprüche werden schon gar nicht angemeldet.

Es gilt zu zeigen, wie einerseits Macht bei Moderation im Spiel ist, ja dass gerade die Beachtung von Machtverhältnissen Moderation stören oder begünstigen kann. Von der Anwesenheit von Macht wird ausgegangen.

Das verschämte Verschweigen von Macht führen wir auf die zu recht bestehende Distanzierung von Machtmissbrauch zurück. Macht als Begriff weckt bei vielen Menschen Erinnerungen an missbräuchliche Machtentfaltung im Alltag. Dass diese Machtentfaltung in der Beratung von Unternehmungen keinen Platz hat, sei vorausgesetzt. Das ist allerdings kein Grund dafür, das Machtthema bei der alltäglichen Wahrnehmung zu vernachlässigen.

2. Macht als Beziehungsdefinition

Beziehungen unter den Menschen gestalten sich aufgrund der Erfahrungen, die die betreffenden Personen miteinander machen. Die Erfahrungen lassen sich als Auswertungen von Wahrnehmungen beschreiben. In umgekehrter Reihenfolge gesehen, nehmen sich Menschen wahr, werten diese Wahrnehmungen aus, sprechen dann von Erfahrungen, die zu guten Beziehungen geführt haben. Und was wird wahrgenommen? können wir weiter fragen. Wir nehmen zahlreiche Körpersignale wahr und wir deuten sie zusammen mit den Worten, die wir hören, nach unseren eigenen Deutungsmustern. Gesundheit und Kraft, Zufriedenheit und Initiative, Lernfähigkeit und Kreativität, Zuverlässigkeit und Vertrauen sind Eigenschaften, die wir dem anderen Menschen aufgrund unserer Wahrnehmungen zuschreiben.

Die Möglichkeiten zu Fehleinschätzungen sind zahlreich. Körpersignale und Worte sind vieldeutig. Wir wählen jene Deutungen aus, die zu unseren

Beziehungsdefinitionen passen, die wir im Laufe unseres Lebens erworben haben. Wir selbst bestimmen, welche Kategorien der Deutung dominant sind und welche beiläufigen Charakter haben. Was wir als Ergebnis dieses Deutungsprozesses vor uns haben, ist eine subjektive Einschätzung, die wir nicht selten als objektive Erfahrung bezeichnen. Wir haben uns ein Bild gemacht.

Niemand kann sich davon befreien, bei all diesen Wahrnehmungen den Vergleich mit der eigenen Person anzustellen. Im Vergleich gewinnen die Beobachtungen ganz plötzlich eine völlig neue Bedeutung. Kraft wird zu "kräftiger als ich", Lernfähigkeit wird zu "weniger lernfähig als ich". Die eigene Person wird in die Wahrnehmung einbezogen. Die Beziehung wird als Ganzes gedeutet. Ob das wohl gemeint ist, wenn wir sagen, wir seien im Bild? Mächtigkeiten werden intuitiv erkannt, die im Zustand der blossen Wahrnehmung noch kaum eine Rolle spielten. Sie beeinflussen das Verhalten der Persönlichkeiten. Macht erweist sich als grundlegende Kategorie jeder Beziehungsdefinition.

3. Macht und Mächtigkeiten

Die Vorstellung, dass Macht in jeder Beziehung anwesend ist, lässt sich weiter differenzieren, indem wir danach fragen, welche Macht in einer Beziehung repräsentiert wird. Dahrendorf unterscheidet individuelle Macht, interaktionelle und institutionelle Macht (vgl. Dahrendorf, 1961, S. 206). Natürliche lassen sich in der Realität diese Mächtigkeiten nicht schön gesondert erkennen. Immer sind wir es als Persönlichkeiten, die eine eigene Mächtigkeit ausgebildet haben, immer sind wir anwesend als Menschen, die in einer individuellen Weise gelernt haben, mit anderen Mächten umzugehen, und fast nie in unserem Leben kommen wir ohne die institutionelle Macht aus, die uns dank unserer Zugehörigkeit zu einer Familie, einem Staat oder zu einer anderen sozialen Gruppe zukommt. Jede dieser Machtkomponenten bestimmt unsere Begegnungen mit anderen Menschen in je typischer Weise mit.

Individuelle Macht

Individuelle Macht wächst durch die Ausgestaltung der eigenen Person. Die Entwicklung der Fähigkeiten, die Ausbildung eines vielfältigen Könnens, der Umgang mit Gefühlen, die Entwicklung eines Lebenskonzeptes sind nur Beispiele, die auf die Persönlichkeitsentwicklung eines Menschen hindeuten und letztlich in der vergleichenden Wahrnehmung unter Menschen als Macht wahrgenommen werden. Dabei handelt es sich um einen Vorgang, der zum Wesen des Menschen gehört. "Der menschliche Organismus hat die Tendenz, seine jeweils bestehenden (Persönlichkeits)-Grenzen zu erweitern. Dieser auf Selbstverwirklichung gerichtete Prozess erfordert eine Spannung, die daraus entsteht, dass an der "Kontaktgrenze" angenehme und unangenehme Erlebniszustände ständig abwechseln" (Burow, Quitmann & Rubeau, 1987, S. 14). Personale Macht wird erlebt als Folge des Wachstums, als Grosswerden und letztlich als Wunsch, Grösse zu behalten. Dieses Bewusstsein von Grösse kann sich unterschiedlich manifestieren. Es gibt Menschen, die erleben ihre eigene Grösse in den Bauten, die ihnen gehören, andere in den Reisen, die sie um die ganze Welt unternehmen, wieder andere in der Zahl der Mitarbeiterinnen und Mitarbeiter, die im eigenen Unternehmen beschäftigt sind. Oft ist es die Grösse des Bekanntenkreises oder das Prestige der bekannten Personen, die scheinbar Macht verleihen. Eine ganz andere Dimension dieser persönlichen Grösse erkennen wir in der Vorstellung des Weiterlebens. Die Nachfolgeproblematik in Familienunternehmen wird nicht selten deshalb "unlogisch", weil Phantasien der persönlichen Bedrohung etwa mit einer vorgeschlagenen Namensänderung einhergehen. Im Fortbestand des Namens wurde von altersher eine Vorstellung von Ewigkeit und Macht gepflegt. Verkleinerungen werden als persönliche Bedrohung erlebt. Irrationale Ängste sind mit solchen Vorstellungen verbunden. Nicht selten verbinden sich bei Menschen, die Macht einbüssen, mit dieser Tatsache Todesängste. Der Machtverlust gerät emotional in die Nähe des Existenzverlustes. Das erklärt uns teilweise, woher die gewaltigen Emotionen stammen, die Machtzuwachs und Machtverlust begleiten.

Interaktionelle Macht

Im Laufe der eigenen Lebensentwicklung gelingt es den Menschen auch, im Kräftespiel des Alltags Strategien im Umgang mit Macht zu entwickeln, die im Laufe der Zeit eine Verallgemeinerung erfahren und als Modelle der Machtentfaltung dienen, wenn in einer neuen Situation eine Analogie zu früheren Ereignissen festgestellt wird. Dabei ist zu beachten, dass die Analogie in vielen Fällen aufgrund ganz weniger Zeichen vermutet wird. So kann eine Stimmlage, eine Bewegung von Augenbrauen, eine Art ein Glas zu halten, eine Gesamtdeutung nach früheren Erfahrungen begünstigen und zur gänzlichen Verkennung einer Person führen. Die Auslöser so komplexer

Deutungsmuster stammen ausnahmslos aus der eigenen Lebensgeschichte. Viele von ihnen haben wir bei unseren Urerfahrungen in den ersten Lebenswochen und Monaten erworben. Sie sind plötzlich da, wenn uns irgend etwas an jene bedeutungsträchtigen Situationen erinnert. Die Interaktion wird reaktiv nach dem passend scheinenden Modell gestaltet. Wir machen Gebrauch von unserer interaktionellen Macht.

Institutionelle Macht

Wenn wir hören, dass in Japan beim Vorstellen der Firmenname vor dem eigenen Namen genannt wird, geschieht das, wie uns versichert wird, zwar nicht mit der Absicht Macht zu demonstrieren; es zeigt uns aber, welche Bedeutung, institutionelle Mächte auf unseren Umgang mit anderen Menschen haben. Die Reaktionen auf bekannte Firmennamen bleiben nicht aus und sind in vielen Fällen als aussergewöhnlich zu bezeichnen. Bei uns sind es oft Berufsangaben, die zu bewundernder Anerkennung führen. Personen "ohne Hintergrund" haben es in allen Lebenslagen schwerer, sich durchzusetzen. Wer institutionelle Macht verkörpert, dem öffnen sich Türen, die den meisten anderen Menschen verschlossen bleiben.

Fast scheint es, dass die Beschäftigung mit Macht, den Gegenbegriff der Ohnmacht ausblenden würde. Ohnmacht ist mehr als Abwesenheit von Macht. Sie lässt sich in analoger Weise beschreiben. Individuelle Erfahrungen führen dazu, dass in ganz bestimmten Situationen uns Gefühle der Ohnmacht überfallen. Ohnmachtsgefühle sind genauso wie das Machterlebnis von körperlichen Wahrnehmungen begleitet. Wir erleben in beiden Grenzsituationen die Ganzheitlichkeit der Person. Denken, Fühlen und Handeln sind betroffen vom Wissen um Macht oder Ohnmacht.

In den folgenden Abschnitten soll versucht werden, die drei Machtkonstellationen noch etwas weiter auszuleuchten. Sie sind auf der Unternehmensseite genauso vorhanden wie auf der Moderatorenseite. Individuelle, interaktionelle und institutionelle Mächtigkeit sind in jeder Organisation durch ein Brauchtum geregelt, das in den meisten Fällen nirgends schriftlich festgelegt ist. Es hat sich so eingespielt. Die einzelnen Persönlichkeiten haben dieses Brauchtum gestaltet und dabei Konstellationen geschaffen, die eine zulässige Begrenzung der Machteinflüsse zur Folge hatten. Ihre Übereinstimmung mit den Leitideen eines Unternehmens ist unterschiedlich. Es ist nicht selten, dass die Machtregulation den ausformulierten Unternehmenszielen widerspricht.

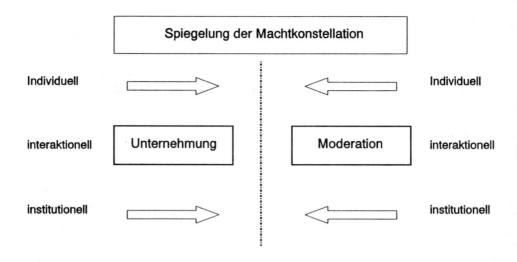

3.1 Macht und archaische Reflexe

Moderation muss mit ganzheitlichen Reaktionen rechnen. Wenn es so ist, dass jede Beziehung auch durch die Verteilung von Macht definiert ist, dann ist bei der Moderation in Unternehmungen mit Reaktionen auf Macht und Ohnmacht zu rechnen. Es ist zu berücksichtigen, dass unser gegenwärtiges Verhalten in vielen Fällen nur zu verstehen ist, wenn wir die Evolution des Menschen mitbegreifen. In der ursprünglichen Lebenssituation sah sich der Mensch in existentieller Gefahr. Angesichts der natürlichen Feinde musste er sich behaupten. Weil er Angst hatte, konnte er sich behaupten, als "angstbegabtes" Wesen hat er überlebt. Geblieben ist aus dieser Zeit ein Reaktionspotential, das in der vorgeschichtlichen Zeit sinnvoll war. Bei einer Bedrohung mobilisierte der Mensch alle Energie, um zu fliehen oder, wenn das nach der Einschätzung der Situation hoffnungslos war, wurden die Kräfte gebraucht, um sich tot zu stellen. Zu diesem Zwecke werden die entsprechenden Körperbefehle reflexartig erteilt. Die Durchblutung der Arme und Beine wird in Angstsituationen auch heute noch massiv gefördert. Die Folge sind eine schlechte Durchblutung des Gehirns und eine erhebliche Einbusse des Denkvermögens, das im Augenblick nach erfolgter Lagebeurteilung kaum noch gebraucht wird. Emotional stellt sich eine selektive Wachheit ein, die sich ganz auf die momentane Situation bezieht. Es ist leicht einzusehen, dass dieses Verhalten, das einst sinnvoll und existenzsichernd war, in den Bedrohungsverhältnissen etwa einer Beratung störend ist. Trotzdem treffen wir es an, weil unser Handeln, Fühlen und Denken in ganzheitlicher Art organisiert ist. Die archaischen Reflexe, deren Sitz wir im Hirnstamm vermuten müssen, der lange vor der Entwicklung des Neocortex ausgebildet wurde, bestimmen noch heute das Verhalten, das wir so oft als unverständlich erleben. Wichtig ist dabei, dass die Bedrohung keineswegs mit Macht und Gewalt erfolgen muss, um solch unverständliche Reaktionen auszulösen. "So kann etwa der verbale Angriff einer sozial höherstehenden Person empfunden werden, als handle es sich dabei um die körperliche Attacke eines Raubtieres, wodurch der Angegriffene veranlasst wird, entsprechend zu reagieren, indem er sich vegetativ auf Flucht oder Abwehr vorbereitet" (Jonas & Daniels, 1987, S. 97). Es ist nicht einmal notwendig, dass Mächtigkeit im bedrohlichen Sinne erlebt wird, um archaische Reflexe auszulösen. Allein schon das "Auferlegen" von Aufgaben, was ja in Veränderungssituationen häufig unumgänglich ist, kann zu eben solchen "falschen" Verhaltensweisen führen. Jonas gibt in diesem Zusammenhang zu bedenken: "Der Mensch war sich in der Steinzeit sein eigenes Lasttier und hat die erlegte Beute auf den Schultern zu den Wohnhöhlen geschleppt. Angesichts einer Last, sei sie seelisch oder körperlich, aktiviert ein Mensch noch heute die gleichen Muskelgruppen" (S. 11). Solche Überlegungen werden es uns erleichtern, häufig anzutreffende Reaktionen in Unternehmungen in einem neuen Lichte zu sehen und über den Weg des Verstehens ein zielführendes Verhalten zu zeigen. Es soll hier jedoch keineswegs behauptet werden, die Reaktionen der Menschen seien noch immer gleich, wie zu den Urzeiten, als sie von archaischen Reflexen gesteuert wurden. Die Aussage lautet vielmehr, dass es die archaischen Reflexe noch immer gibt und dass wir mit ihnen auch dann rechnen müssen, wenn wir einem sogenannten "intelligenten" Verhalten begegnen. "Um dies zu illustrieren, brauchen wir nur das Verhalten eines Schimpansen in einer heiklen Situation mit dem eines Menschen zu vergleichen. Einem Schimpansen, der seine Dominanz mittels einer Drohgeste zur Schau stellt, ist dieses Verhalten so eingeprägt, dass er sich nicht beruhigen kann, bis ihn eine Geste der Unterwerfung beschwichtigt. Beim Menschen hingegen kann die von Gefühlen bestimmte Wahrnehmung, die entsprechend primitivere Reaktionen zur Folge haben würde, durch Bewusstseinsvorgänge in eine neue Vorstellung umgewandelt werden. Die emotionell vorprogrammierte Handlung wird dadurch entweder unvollständig ausgeführt oder total gehemmt; eine "intelligentere" Reaktion tritt an ihre Stelle" (Jonas & Jonas, 1982, S. 67). Die Körperreaktionen stellen sich trotz der intelligenten Wende ein und beeinflussen nicht selten die Antwort, die auf Drohgesten hin zustande kommen.

3.2 Das schlechte Alte und das gute Neue

Auslöser eigentlicher Machtkämpfe ist in zahlreichen Veränderungssituationen das schlechte Alte und das gute Neue. Da ist ganz erheblicher Widerstand anzutreffen, obwohl sachlich kein Grund für das sperrige Verhalten gegeben wäre. Jede Neuerung wird als Verdikt gegen das Bestehende aufgefasst. Das Neue ist definitionsgemäss auch schon das Bessere, das den Wert des Bisherigen herabmindert. Es würde sich lohnen, sich auf die Logik der Qualität des Bisherigen zu besinnen. Aber wie soll das vonstatten gehen?

Wir gehen davon aus, dass zu allen Zeiten verantwortungsbewusste Persönlichkeiten in Unternehmungen gearbeitet haben und auf verschiedenen Stufen Führungsaufgaben wahrgenommen haben. Wir gehen auch davon aus, dass diese Personen mit dem Denken und Wissen ihrer Zeit vertraut waren und aus ihrer ethischen Verantwortung gehandelt haben. Wenn es nun geschieht, dass Veränderungen angesagt werden, heisst das zwingend, dass Bisheriges ersetzt werden wird, weil in das Neue höhere Erwartungen gesetzt werden. Wenn wir uns eines Bildes bedienen, brauchen wir trotz überzeugter Veränderungswilligkeit, nicht an der Qualität des Bisherigen zu zweifeln. Nehmen wir den zum Zweck der Veranschaulichung stilisierten Fall an, eine Unternehmung habe sich darauf konzentriert, Süsswaren herzustellen, weil ein grosser Bedarf ausgewiesen war. Es wurde dabei einheimischer Zucker verwendet. Dafür sprachen verschiedene Gründe. Einheimische Produzenten konnten berücksichtigt werden, kurze Transportwege fielen an, rasches Reagieren war gesichert. Neu erkennt man, dass vom gesundheitlichen Standpunkt aus einfacher Zucker, wie er im Honig vorkommt, bevorzugt werden müsste. Nun wird die Umstellung nicht etwa deshalb vorgenommen, weil die früheren Überlegungen falsch waren. Der Standpunkt wird gewechselt. Aus der neuen, gesundheitlichen Sicht drängt sich ein neues Verhalten auf. Auf die Marktsituation bezogen war das frühere Verhalten eine mögliche, adäquate Antwort. Auf die gesundheitliche Anforderung bezogen ist auch das zweite Verhalten eine mögliche Lösung. Es ist selbstverständlich, dass immer auch andere Lösungen gefunden werden könnten. Wenn Moderation auf Veränderung aus ist, wird sie sich mit der Macht des Guten auseinandersetzen müssen. Es besteht eine grosse Gefahr, dass ehemalige Leistungen mit dem Blick auf das Neue diskriminiert werden, obwohl dafür keinerlei Grund bestünde. Personen, die sich gegen eine solche Diskriminierung wenden, verhalten sich situationsgerecht. Sie haben ihre Fähigkeit und einen Teil ihres Lebens darauf verwendet, den ehemaligen Zustand zu gewährleisten. Weil sie sich ihre Selbstachtung erhalten wollen und Mitarbeiterinnen und Mitarbeiter weiterhin bei neuen Lösungen bleiben wollen, wehren sie sich dagegen, dass das Neue besser sein soll als das Bisherige.

Die Darstellung der alten und neuen Sicht kann in vielen Fällen dazu beitragen, dass die Erhaltungsdynamik bei den Beteiligten ausbleibt und sich eine grosse Bereitschaft für Veränderungen breitmacht. Wenn in einer Unternehmung eine grundlegende Neuerung und damit eine Neuorganisation geplant ist, muss eine solche Bereitschaft zur Veränderung entstehen können.

Diese Überlegungen machen uns auf etwas aufmerksam, das in vielen Fällen zur Vermutung von Machtansprüchen führt, wo gar keine im Spiel sind. Personen haben nichts anderes als ihre persönlichen Interessen im Kopf und gebärden sich so, als wollten sie andere beherrschen. Alle Personen haben im Zusammenleben und Zusammenarbeiten eine Vielzahl von Interessen. Wenn sie erkundet und besprochen werden, werden sogenannte Sachentscheide plötzlich einfach. Die stärksten Interessen sind die menschlichen Grundbedürfnisse. Wir haben oben davon gesprochen. Selbstachtung, Wertschätzung, Zugehörigkeitsgefühl, Sicherheit und Entfaltungsmöglichkeit gehören zu den Bedürfnissen, deren Beschränkung beim Menschen zu heftigen Reaktionen führt.

Das "Hardvard Konzept" schenkt dem Darstellen und Aushandeln der Bedürfnisse grosse Beachtung (Fisher & Ury, 1986, S. 74 f.) Die Besprechung der Bedürfnisse wird als Erfolgsfaktor für jede Verhandlung gewertet.

3.3 Die Illusion von der heilsamen Wirkung der Fehler

ModeratorInnen werden gerufen, weil man in der Hoffnung auf Veränderungen einen besseren Zustand erreichen will. In diesem Zusammenhang ist eine Falle offen, in die alle BeraterInnen immer dann treten, wenn sie nicht grösste Vorsicht walten lassen. Die logische Konstruktion heisst: Wenn es gilt Verbesserungen vorzunehmen, identifizieren wir die Mängel, beseitigen sie und freuen uns am Erreichten. Das müsste einen Sinn geben. Kommt dazu, dass uns der Wert von Fehlern eingeredet wird.

"Aus Fehlern wird man klug!" So und ähnlich wurden wir alle schon belehrt. Man stelle sich vor, dieser Satz hätte Gültigkeit. Es wäre nicht auszudenken, welche Klugheit die Menschen im Laufe der Geschichte erreicht hätten. Fehler sehen wir überall, sie alle wären Ursache der zunehmenden Klugheit!

"Die Konzentration auf Fehler macht dumm!" Das hört sich doch wesentlich anders an. Es ist gar nicht schwierig, für die Wahrheit dieses Satzes zu argumentieren. Wer mehr will, kann mit diesem Satz experimentieren. Wir bleiben hier beim Gedankenexperiment. Ein Mensch wird mit seinen Fehlern konfrontiert. Sie sagen ihrem Mitarbeiter in freundlicher Weise, welche Fehler sie beobachtet haben. Sie werden bald sehen, dass ihn das irritiert. Er wird sich anstrengen, Fehler zu vermeiden. Das kostet nun aber Energie, die irgendwo abzuziehen ist. Neue Fehler entstehen. Die Notwendigkeit wächst, Fehler zu verheimlichen oder mindestens zu bestreiten. Die Not wird grösser, die Leistung geringer. Mit der Zeit ist es so, dass nicht nur sie, sondern die kritisierte Person selbst von der beobachteten Unfähigkeit überzeugt ist. Sie haben einen unfähigen, rechthaberischen, neurotischen Mitarbeiter, der sich hütet, etwas anderes zu tun, als vorschriftsgemäss Fehler zu vermeiden. Die Argumentationskette ist noch etwas lückenhaft. Gerade deshalb ist sie geeignet, auch auf ganze Gruppen von Menschen angewendet zu werden. In der Psychologie spricht man von der sich selbst erfüllenden Prophezeiung, die zu dem führt, was man von anderen erwartet hat. Die wünschbare Alternative ist bekannt. ModeratorInnen beschäftigen sich mit den Stärken, mit den Qualitäten, mit den Fähigkeiten eines Einzelnen oder einer Gruppe. Das Können wird herausgestellt. Austausch wird organisiert, Synergien werden vermittelt. Das Selbstwertgefühl der Beteiligten wächst. Kräfte werden frei, die Wahrnehmung erweitert sich. Innovationen sind möglich. In der Praxis mögen sich viele nicht auf eine der beiden Seiten schlagen. Sie können es nicht zulassen, dass die ganze Aufmerksamkeit auf das wünschbare Verhalten gerichtet wird, um von dort aus Entwicklungen anzubahnen. Unehrlichkeit wird einem solchen Verhalten angelastet. Sie haben sich daran gewöhnt, dass drei gute Bemerkungen der Kritik im Qualifikationsgespräch vorausgehen. Untersuchungen haben gezeigt, dass viele Menschen die kritischen Bemerkungen, wenn sie ausbleiben, sogar vermissen. In ihnen kommt das Gefühl auf, in der

Hinterhand sei die Überraschung noch auf Lager. Ernst werde es erst, wenn die Kritik vorgetragen werde.

Eine Unternehmung, die auf Veränderung ausgerichtet ist, wird erkennen, dass bei der konsequenten Orientierung an Werten und Fähigkeiten ein Klima entsteht, in dem sich Werte und Fähigkeiten so breit machen, dass die Menschen in dieser Institution sich sicher fühlen. Diese Grundsicherheit ist es, die es ihnen erlaubt, Mängel ungehindert zur Sprache zu bringen. Sie werden vorgelegt, nicht vorgeworfen. Damit ist die Voraussetzung geschaffen, Alternativen zu entwerfen und aus persönlicher Sicherheit heraus ein Probierverhalten zu entwickeln, das erneut fehlerhaft sein wird. Dass dabei ein einwandfreies Produkt entsteht, ist mehr als eine Hoffnung. Leistungsmessungen werden zeigen, dass die konsequente Orientierung am Erfolg erfolgreich ist.

3.4 Stabilität, Moderation und Veränderung

Macht und Stabilität

Macht gilt für viele Menschen als Synonym für Stabilität. Das Unveränderliche, das Bleibende schafft Vertrauen. "Man weiss, worauf man sich verlassen kann!" wird nicht selten gesagt. Schliesslich hat es einige Anstrengung gekostet, den gegenwärtigen Zustand zu erreichen. Ihn zu verändern, hiesse vieles aufs Spiel setzen. Veränderungen sind schon gar nicht erwünscht, wenn man sich auf Bewährtes stützen kann, wenn der Geschäftsgang gut ist. Mit ausdauerndem Verharren wird Macht zementiert.

Die Methodik, Machtansprüche zu verfestigen, wird in der Organisation von Macht gefunden. Nicht nur totalitäre Systeme, auch machtorientierte Organisationen in der Demokratie, regeln die Organisation so, dass die Macht unantastbar wird. Einmal werden Kompetenzen, aus welchen Gründen auch immer, an bestimmte Repräsentanten der Macht delegiert, andererseits werden solche Kompetenzen auf der Ebene von Verordnungen und Gewohnheiten ausgebaut und verfestigt. Die Personen, die sich daran beteiligen sind keineswegs machthungrige Diktatoren. Sie bekennen sich oft zu Mitbestimmung und Verständigung. Sie haben irgendwann begonnen, sich auf die Seite der Macht zu schlagen. Darauf angesprochen reagieren sie mit grösster Verwunderung.

Machtträger beklagen sich auf der ganzen Welt darüber, dass sie eine grosse Last der Verantwortung zu tragen haben. Sie sind in einer fast unzumutbaren Weise gefordert. Sie müssen dafür sorgen, dass sich im Rahmen der Regelungen und Gesetze die Einzelnen in der Weise einsetzen, wie es der Gesamtorganisation dienlich ist. So entstehen immer neue Weisungen, Anordnungen, Gesetze, Vorschriften. Bei einem gewissen Alter einer Institution ist es so, dass sich niemand mehr auskennt und wesentliche Straffungen vorgenommen werden müssen oder Neuorganisationen anstehen.

Auffällig ist ebenfalls das ständige Anwachsen von Kontrollvorgängen. Mit immer zahlreicheren Instrumenten wird immer mehr Personal beschäftigt sein, die Kontrollergebnisse zu melden, zusammenzufassen und zu interpretieren.

Solche Entwicklungen lassen sich beispielsweise im Rechtswesen eines Staates leicht nachweisen. Die Differenzierung der Bestimmungen nimmt manchmal geradezu groteske Formen an. Die Zielsetzung ist das fehlerfreie Funktionieren als Ausdruck geglückter und daher sinnvoller Machtentfaltung.

Für die Moderation in Institutionen ist es nun aufschlussreich, den Stand der erreichten Differenzierung und Verfestigung zu kennen. Organisationen können einen Zustand der Stabilität erreicht haben, der eine Organisationsentwicklung beinahe verunmöglicht und jede Veränderung des Status quo als existentielle Bedrohung aufgefasst werden muss. Was in den Augen der einen als Entwicklung vorgeschlagen wird, erkennen die anderen als Zerstörung. Kein Wunder, dass auf diesem Felde Schlachten geschlagen werden.

Diese Betrachtungsweise führt uns unmittelbar zur Frage, wie denn die Logik einer solchen Organisation aussehen muss. Nach welchen Denkmustern wird hier gedacht. Es ist doch anzunehmen, dass eine bestimmte Anschauung dieses Gebahren rechtfertigt. An der Spitze solcher Organisationen, so denken wir, sind intelligente und verantwortungsbewusste Persönlichkeiten, die ihr Bestes geben.

Moderation und Veränderung

Moderation in Unternehmen hat die erklärte Zielsetzung, Veränderungen zu unterstützen, zu begleiten und die Bereitschaft zur Veränderung zu erhalten. In besonderen Fällen ist von Moderation gar der Beginn von Veränderungen nach einer längeren oder kürzeren Phase der Stabilität vorzubereiten und in Gang zu bringen. Damit stellt sich Moderation als Idee der Tendenz zur Erhaltung der Stabilität in den Weg. Sie wird systemwidrig. Sie begegnet auf der einen Seite der Tendenz zu Wachstum, zum Machtausbau, zur Gewinnung von Marktanteilen etwa und auf der anderen Seite der Stabilisierung von Macht durch Verfeinerung der Kontroll- und Sanktionsmechanismen.

Bei genauem Hinsehen erkennen wir, dass diese Ausgangslage in sich einen brisanten Widerspruch enthält. Es ist nämlich so, dass die Tendenz zur Machtentfaltung auf Veränderung angelegt ist. Neue Produktionsverfahren, neue Produkte, neue Führungsinstrumente usw. sollen der Machtentfaltung dienen. Das heisst nichts anderes, als dass das Bisherige zu einem schönen Teil aufgegeben werden soll. Stabilität wird geopfert. Auf der anderen Seite etabliert sich aber gerade durch den Zuwachs von Macht die Macht erneut und zeigt die Tendenz zur Verfestigung. In diesem Widerstreit der Ziele, nämlich Machtentfaltung durch Veränderung und Machterhaltung durch Stabilität steht jede Institution, die Beratung von aussen sucht. Moderation wird sich, ganz gleich ob sie das beabsichtigt oder nicht, in vielen Fällen auf die Seite schlagen, wo Entwicklungsdynamik vermutet wird. Damit greift sie strukturelle Macht an und gerät in Widerspruch zu jenen, die nach ihr gerufen haben. Indem sie das tut, wird sie sich dafür einsetzen, dass nämlich die strukturelle Macht, die auf statisches Verharren ausgelegt war, in neuer Weise verteilt wird. Wir haben es mit der Schaffung einer Machtverteilung zu tun, die zu einer Dynamik beiträgt, durch die eine permanente Entwicklung gesichert ist.

3.5 Individuelle, interaktionelle und institutionelle Macht

Das Zusammenspiel der verschiedenen Machtkomponenten lässt sich am ehesten mit komplexen Denkmodellen darstellen. Die Wirklichkeit kann damit zwar nicht abgebildet, aber in ihrer Entwicklung vielleicht eher verstanden werden.

Denkmodelle und Macht

Viele Menschen verstehen das Zusammenleben und Zusammenarbeiten in einem mechanistischen Sinne. So wird etwa gesagt, eine Unternehmung sei ein Mechanismus. Mitarbeiterinnen und Mitarbeiter werden verglichen mit Rädchen, die im Räderwerk des Gesamtunternehmens sich drehen müssen. Einzelnen fällt die Aufgabe zu, diese Maschinerie zu bewegen. Die Motivation wird zum zentralen Anliegen. Movere, was soviel heisst wie bewegen, wird zur Hauptaufgabe. Diese Vorstellungen gehen teilweise zurück auf die Zeit der Renaissance und der Aufklärung. Damals war das mechanistische Verstehen die sensationelle Neuentdeckung. Jetzt war es möglich, den Lauf der Gestirne nach den newtonschen Gesetzen zu berechnen. Das Universum und der Alltag gehorchten den gleichen Regeln. Die mechanische Uhr war das Modell des Fortschrittes. Auch der Mensch wurde als Uhr verstanden, dessen Zeit abläuft. Genauso wie die Zeit des Menschen läuft, läuft in diesem Modell auch ein Unternehmen. Die Grundeinheit des Verstehens ist die Zeit. Sie wird unterteilt in Einheiten. Führung in Zeiteinheiten bildet die Grundlage der Koordination und der Kooperation. Die Unternehmung ist ausgerichtet auf ein mechanisch einwandfreies Funktionieren. Was einzelne Personen nie zu leisten vermöchten, wird dank der Mechanik der Unternehmung zum bedeutsamen Werk. Eine mächtige Neuschöpfung ist entstanden.

Nun werden wir jedoch in zunehmendem Masse mit der Tatsache konfrontiert, dass in diesem Mechanismus Störungen auftreten. Vermutet wird gar, dass alle unsere Anstrengungen immer mehr darauf gerichtet seien, die permanent erzeugten Störungen zu beheben. Daher, das wäre immerhin logisch, müssten wir die Anstrengungen vergrössern und die Verfahren optimieren, damit wir der Lage Herr werden könnten. Dennoch, schon im Gedankenexperiment erkennen wir, dass hier die Lösung nicht liegen kann. Die geschaffene "Maschine" selbst scheint für uns eine Bedrohung zu werden, der wir begegnen müssen. Die Gefahr besteht, dass wir unsere Existenzgrundlage vernichten. Sie zu perfektionieren, hiesse den Prozess der Zerstörung flotter voranzutreiben.

Das Grundmuster des mechanischen Modells erweist sich als Sackgasse. Die Vorstellungen von Ursache und Wirkung scheinen mindestens so problematisch zu sein. Wir könnten uns allerdings darauf berufen, dass die Kausalität und Funktionalität im Alltag beweisbar sei. Unsere Wenn-dann-Überlegungen bringen doch vorhersehbare Ergebnisse. Wenn ich früher aufstehe, dann habe ich mehr Zeit für die Lektüre der Morgenzeitung, wenn sich viele Menschen für eine Aufgabe einsetzen, dann ist die Produktivität grösser. Es soll hier nicht behauptet werden, dass diese Kausalität nicht stimme. Sie stimmt in dem kleinen Umfeld unserer Betrachtung und genügt vollauf für die Lösung zahlreicher Aufgaben. "Überall dort, wo wir es mit relativ kleinen Ausschnitten der Welt zu tun haben, und immer dann, wenn die Ereignisse sich unserer Überschaubarkeit nicht entziehen, kommen wir mit unserer Vorstellung von Zeit, Linearität und Kausalität im Alltag ganz gut zurecht. Wird jedoch die Dimensionalität grösser oder das Anspruchsniveau einer Frage höher, so führt die kausale Betrachtungsweise eher zu unsinnigen Schlüssen als zur Erkenntnis" (Dethlefsen & Dahlke, 1983, S. 96).

Unsere Wirtschaftswelt und unsere politischen Organisationen haben Ausmasse angenommen, die eine andere Betrachtungsweise fordern.

Genauso, wie die Gesetze von Newton in ihrer begrenzten Bedeutung heute anerkannt sind, können wir die begrenzte Bedeutung des mechanistischen Denkmodells als Ganzes gelten lassen. Trotzdem wird sichtbar, dass dieses Denkmodell für ein globales Verständnis nicht ausreicht.

Es gibt seit langem andere Denkmodelle. Sie sollten dazu dienen, das wirtschaftliche und soziale Verhalten der Menschen zu verstehen. Wir müssen uns allerdings bewusst sein, dass es sich bei diesen Modellen immer noch um Versuche handelt, etwas Grundsätzliches unserer Lebenswirklichkeit zu verstehen. Modelle zeigen nie die Wirklichkeit. Sie sind Hilfsmittel für unser Denken, Instrumente, die uns (vielleicht) erlauben, eine gute Ahnung der Wirklichkeit zu vermitteln. Alle Leser, die Erfahrungen mit Managementmodellen haben, kennen die Sachlage der begrenzten Bedeutung.

In einem systemischen Denkmodell versteht man die einzelnen Elemente, die in einer Organisation zusammenwirken als lebendige Organismen. Diese Lebendigkeit macht es unmöglich, dass die Systeme als Ganzes oder ihre vielen Subsysteme sich ausschliesslich nach einem einheitlichen Ziel orientieren. Ihre Orientierung ist stets eine doppelte. In erster Linie sind sie auf die eigene Erhaltung ausgerichtet. Im weiteren sind sie an der Erhaltung des Gesamtsystems interessiert. Erst wenn die Innenorientierung gelingt, werden all jene Kräfte frei, die aufgrund einer Aussenorientierung für eine weitere Aufgabe des Gesamtsystems benötigt werden. Das systemische Denkmodell orientiert sich offensichtlich an der Denkweise der Biologie, das mechanistische ist verwandt mit dem Denken in der Physik. Daher sind die zentralen Orientierungsgrössen in diesem System die Lebendigkeit und das Überleben, während im mechanistischen Modell das störungsfreie Funktionieren in einer bestimmten Zeit im Vordergrund stand. Wer am Organismus interessiert ist, wird alles tun, um die Lebendigkeit, die Eigenentwicklung, die Ausgestaltung der Möglichkeiten zu unterstützen und zu erhalten. Die Förderung der Lebendigkeit wird häufig durch weniger Einflussnahme und das Zugeständnis von mehr Freiheit erreicht. Unregelmässigkeit im System wird erwartet, individuelle Gestaltung innerhalb eines Gesamtkonzeptes gefördert. Beobachten, den Wert des Ungewöhnlichen finden, Synergien unterstützen, die Integrität und Selbstachtung von Subsystemen unterstützen sind Beispiele von zentralen Führungsaufgaben. Beim Auftreten von Störungen kann davon ausgegangen werden, dass die Störungen von den sich selbst regulierenden Subsystemen häufig selbst erkannt werden. Anstatt sie zu beseitigen, werden die Bedingungen geändert, die Störungen entstehen liessen. Eine straffere

Gliederung der Arbeitsabläufe, eine vermehrte Kontrolle im Sinne einer rigoroseren Aufsicht oder die Festsetzung von Sanktionen sind artfremde Reaktionen im Denkmodell eines systemischen Organismus. An Stelle der Lenkungsmacht tritt hier offensichtlich die Lebenskraft. Das ist der eigentliche Unterschied. Lebenskraft äussert sich innerhalb der Organisation nicht zufällig und planlos. Sie nimmt den Aktionsraum wahr, weiss auf soziale Gegebenheiten Rücksicht zu nehmen und vermag Wirkungen zu analysieren. Typisch ist die Rückbezogenheit des Handelns auf Werthaltungen und Lebensorientierung.

4. Arbeitssequenzen im Rahmen einer Macht reflektierenden Moderation

Der theoretische Bezugsrahmen ist nun entworfen. Es stellt sich die Frage, wie denn nun bei Berücksichtigung der Machtsituationen Moderation in der Realität aussehen kann. Wir versuchen an zwei Beispielen zu zeigen, dass es gelingen kann, das Thema der Machtansprüche zu bearbeiten und gleichzeitig Organisationsentwicklung zu unterstützen, die mit Grundsätzen eines Human Potential Managements übereinstimmt.

Die hier angeführten Beispiele stammen aus der Alltagsarbeit und beanspruchen keinen Vorbildcharakter. Mit ihnen versuchen wir das Gesagte zu illustrieren, so dass man der Gedanken beim Handeln auch wirklich habhaft werden kann.

4.1 Beispiel 1: Den Wert des Alten erhalten

Das erste Beispiel bezieht sich auf die Tatsache der Bedrohung, wenn neue Aufgaben, Produkte, Produktionsmittel oder Verhaltensweisen in Aussicht stehen. Das Bisherige, so haben wir dargelegt, gerät in Misskredit. Aus Selbstschutz müssen sich die Verantwortlichen, die nicht UrheberInnen des Neuen sind, dagegen solidarisieren. Die Dramatik der Situation wird sichtbar, wenn wir beispielsweise daran denken, dass ein Autokonzern sich mit der Vorstellung anfreunden soll, keine Autos mehr zu bauen. "Das kreative Leben bedeutet einen gewissen Schmerz, eine Trennung von Anpassung, von dem Gewohnten" (Mayer, 1989, S. 35). Damit setzen wir uns auseinander.

Die Beteiligten dokumentieren im Prozess der Neuorientierung die Philosophie der gegenwärtigen Geschäftsleitung und die Realität der jüngsten Vergangenheit. Es entsteht eine Skizze des Unternehmens, so wie es zur Zeit wahrgenommen wird. Nun versuchen getrennte Arbeitsgruppen darzustellen, welche Überzeugungen zur jetzigen Situation geführt haben. Die Gesamtdarstellung wird grossflächig ausgelegt. Wo in unserem Beispiel bloss Titel stehen, liegen eine Menge Karten mit wichtigen Angaben in den Feldern.

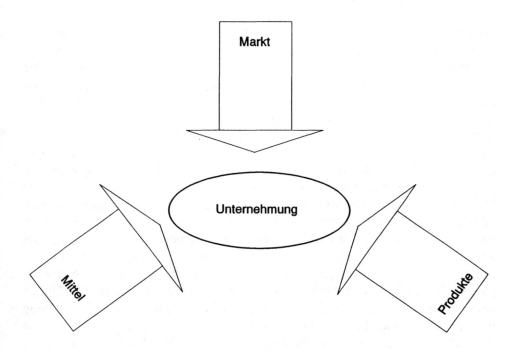

Nun werden jene Veränderungen eingetragen, die aufgrund des Vorausschauens ausgedacht worden sind. Es wird erkannt, dass die neue Ausrichtung mit derselben Klugheit, mit der selben Verantwortung geplant und realisiert werden muss, dass sich das Verhalten wesentlich ändern wird. Wenn sich gar die einzelnen Verantwortlichen an die Stelle der Darstellung setzen und formulieren können, wie der Zusammenhang einmal zustandegekommen war, und wenn sie dann laut über die neue Einschätzung nachdenken, erleben sie den Wert ihrer damaligen Überlegungen aus der damaligen Sicht. Hier ist keine Rede mehr von den "schwachköpfigen Entscheidungen" früherer Jahre, hier gibt es keine Diskriminierung der Ehemaligen. Es wächst vielmehr das Bewusstsein, dass in einer guten Unternehmensführung das Gegenwärtige bald zum Ehemaligen werden wird und werden muss. Die Beschreibung der Szene vermag nur ungenügend zu zeigen, was in einem Menschen vorgeht, der in unserer Darstellung tatsächlich am Startpunkt eines der dargestellten Pfeile sitzt und sieht, wie seine Kolleginnen und Kollegen, die früher gültigen Detailinformationen wegtragen und durch neue ersetzen. Hier wird nicht nur nachgedacht, hier wird auch nachgefühlt. Für viele Menschen ist dieses Nachfühlen bekannt. Sie begegnen ihm in den Träumen oder in den Ferien. Sie haben sich daran gewöhnt, dieses Nachfühlen zu unterdrücken. Sie werden unruhig, wenn sie es bemerken und glauben es sei Zeit, sich wieder dem Denken zuzuwenden. Dabei hätten sie gerade hier den Zugang zur eigenen Wertschätzung, hier würden sie jene Selbstachtung erhalten, die als Voraussetzung für die soviel gerühmte Toleranz gilt. Neben dem Nachfühlen gibt es auch ein Nachhandeln. In unserer einfachen Übung wird nämlich deutlich, dass das Handeln unter den "gleichen" Bedingungen nochmals ganz ähnlich aussehen würde wie früher. Die Stimmung, die dann aufkommt, wenn die alten Entscheide eine nachträgliche Bestätigung erfahren, weckt jene Bereitschaft für neue Lösungen, ohne die wir nicht zusammenarbeiten können. Nachdenken, nachfühlen und nachhandeln sind wesentliche Voraussetzungen für kreative Leistungen beim aktuellen Problemlösen. "In der Vorstellung vieler Menschen gehört die Entwicklung von Alternativen überhaupt nicht zum Verhandlungsprozess. Die Menschen sehen ihre Aufgabe oft darin, die Kluft zwischen den Positionen zu verkleinern, anstatt die verfügbaren Optionen zu erweitern" (Fisher & Ury, 1986, S. 89).

4.2 Beispiel 2: Das mechanistische und das systemische Denkmuster

Der entscheidende Unterschied in den beiden Denkweisen ist die Vorstellung, die wir von den einzelnen Elementen eines Systems haben. Das anschauliche Bild heisst Rädchen oder Organismus. Wie kann es nun in der praktischen Moderation zur Wahrnehmung der Lebendigkeit der einzelnen Organismen kommen? Die hier dargestellte Form ist wiederum nicht mehr als ein Versuch der Nachbildung, der Simulation. Sie rekonstruiert die Realität nicht, sie ermöglicht jedoch die Vorstellung von Realität.

Eine Unternehmung mit dem Ziel den Prozesscharakter von Veränderungen darzustellen, hat sich entschlossen, einen Grossraum für den Nachvollzug eines organismischen Denkmodells zu reservieren. In der Mitte dieses Raumes sind die "neuen" Zielsetzungen auf zahlreichen Plakaten in unterschiedlicher Formulierung ausgelegt. Diese Beschreibungen kamen zustande, als sich in der Unternehmung Persönlichkeiten auf allen Stufen mit solchen Zielen auseinandersetzten. In diesem Raum ist die Organisation der Unternehmung mit Stellwänden nachgebildet. Gruppen und Einzelpersonen stellen darauf ihre Aktivitäten dar, mit denen sie den Prozess der Veränderung begünstigen wollen. Hier ist auch Kritik angebracht, hier sind Vorbehalte ausgesprochen. Die Verbindungen und Abhängigkeiten sind mit Verbindungsfäden und Verbindungsschnüren ausgelegt. Wird nun in einem Sektor des Grossunternehmens Veränderung dokumentiert, ergeben sich für viele andere spürbare Einflüsse. Der Abbau von Hierarchie in einem offenen Sitzungsmodell mit transparenten Entscheidungsprozessen bewirkt Aktivitäten an mehreren anderen Stellen. Eine Gruppe reagierte auf diese Neuerung mit einem permanenten Sitzungsbeobachter aus den eigenen Reihen. Eine Person verfolgte als Beobachter das Geschehen in der Gruppe. Die Beobachter wechselten. Diese Idee wurde in der Produktion aufgenommen, wo nun von Zeit zu Zeit Arbeitsablaufbeobachter konkretes Feedback geben und damit entscheidende Veränderungen bewirken. Wir brauchen den hier skizzierten Prozess nicht weiter zu beschreiben. Die Projektion des Gesamtsystems und der Veränderungen in eine "szenische Raumdarstellung" kann als Mittel gewertet werden, systemisches Wahrnehmen und Denken zu realisieren.

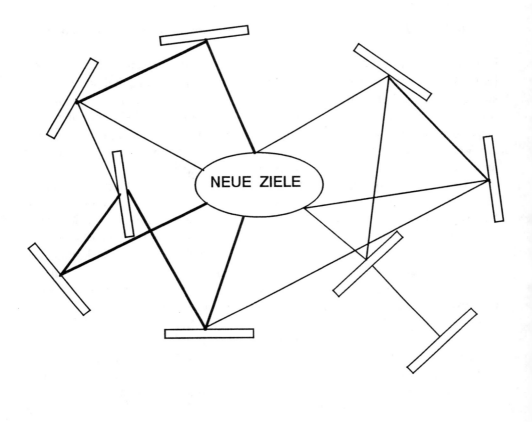

☐ Stellwände
— Verbindungen

In unserem Beispiel hat diese Darstellung dazu geführt, dass unvermittelt auf den Stellwandrückseiten Informationen über das Umfeld der Unternehmung gesammelt wurden. Politische und ökologische Betrachtungen wurden relevant. Die Kundenseite wurde in einer Weise bedeutsam, wie das vorher nicht gesehen wurde. Viele Vernetzungen wurden erkannt und eine begrenzte Übersicht wurde möglich. Die Gesamtdarstellung liess sich nun mit EDV Mitteln differenziert analysieren.

Was hat zu diesen Veränderungen geführt? Wir müssen annehmen, dass bei unseren beiden Beispielen durch die Art der Arbeit andere Denkansätze ins Spiel kamen. Oft ist heute zu hören, dass man die rechte Gehirnhälfte nicht links liegen lassen dürfe. Dort, so glaubt man, werden die Wahrnehmungen in einer ganz anderen Art gespeichert als wir das von der linken Gehirnhälfte gewohnt sind. Wir wissen heute, dass dies nicht mehr blosse Vermutungen sind. Die neurophysiologischen Forschungen belegen die Unterschiedlichkeit der Arbeitsweise in beiden Gehirnhälften. Die Arbeit mit Gehirnverletzten führte zu erstaunlichen Erkenntnissen. "Wird die rechte Hemisphäre entfernt (bei gesundem linken Gehirn), so bleibt die Sprache im wesentlichen ungestört, wird jedoch etwas roboterhaft. Zwar wird die präzise wirkliche Bedeutung von Worten einwandfrei verstanden, aber Bildersprache, Intonation und emotionale Färbung werden nicht verstanden. Persönlichkeit, Vorstellungsvermögen, Einsicht und Initiative erleiden erhebliche Einbussen. Einfache räumliche Aufgaben wie etwa das Anziehen eines Hemdes mit dem Kopfende nach oben oder der Rückweg vom Badezimmer führen zu grosser Verwirrung" (Blakeslee, 1982, S. 25). Blakeslee fährt an anderer Stelle fort: "Dies ist nichts anderes als die Feststellung, dass das linke und das rechte Gehirn separate, aber sich überlappende Wissensspeicher haben. Da das linke und rechte Gehirn verschieden organisiert sind, kann man leicht verstehen, warum die Gedächtnisinhalte des einen unbrauchbar für das andere sind" (S. 29). Von diesen "anderen" Möglichkeiten können wir Gebrauch machen. Das ist die andere Seite des Versuchs, Machtkonstellationen zu bearbeiten.

5. Die Beraterpersönlichkeit in der Beratung

Wir sind beim Nachdenken über Moderation und Macht dahin gelangt, dass das Bewusstsein über die Machtverhältnisse verschiedene Vorstellungen wecken kann.

Moderation bringt individuelle Macht ins Spiel, indem sie Kompetenz von aussen darstellt, die mit einer neuen Sicht arbeiten kann. Sie ist insofern nicht ersetzbar, weil alle internen Personen diesen Beobachtungsstatus niemals einnehmen können.

ModeratorInnen setzen sich mit der Macht der Unternehmerpersönlichkeiten auseinander und sind damit den gleichen persönlichen Anfechtungen ausgesetzt. Psychologisch gesehen, aktivieren sie in dieser Situation ihre Grundmuster im Verhalten zu Macht und beobachten den gleichen Prozess bei ihren Gesprächspartnern. Das sind ausgewiesene Situationen für Projektionen, die es zulassen, dass ich das, was mich an mir stört, bei anderen Menschen bekämpfen kann.

Auf der interaktionellen Ebene beginnt das vergleichende Wahrnehmen schon bei der ersten Begegnung. Jene Personen, die auf Veränderung aus sind, verändern in aller Regel nicht allein Organisationen, Produkte, Verhalten usw., sie sind immer daran beteiligt Machtkonstellationen zu bewegen und allenfalls sogar in Bewegung zu halten. Die das Thema begleitende Auseinandersetzung mit Mächtigkeit lässt manche rational sachliche Arbeit ins Irrationale geraten. "Wie kann jemand nur..." ist eine erhellende Formel, die das fassungslose Staunen in solchen Situationen ausdrückt. Es stellen sich Übertragung und Gegenübertragung ein, ob das gewollt ist oder nicht.

Die Beobachtung der institutionellen Ebene hat uns gezeigt, dass die Grundauffassung über die psychische Realität eines Systems die Definition der Macht miteinschliesst. Eine mechanistische Auffassung eines Systems führt zu völlig anderen Entscheiden und Handlungen als eine systemische. Macht wird zu einer veränderbaren Grösse, nicht vergleichbar, für viele nicht verstehbar.

Die Persönlichkeit, die in der Beratung tätig ist, zeichnet sich nach unseren Darlegungen aus durch eine ganzheitliche Wahrnehmungsfähigkeit. Sie realisiert Machtreflexe, erkennt interaktionelle Machtkonstellationen und weiss um die Bedeutung institutioneller Macht. Machtansprüche werden dank der Beraterpersönlichkeit weder mit ängstlicher Zurückhaltung verschwiegen, noch unausgesprochen durchgesetzt. Ein respektvoller Dialog wird gesucht. Die Anregung graphischer oder szenischer Darstellung der komplexen Strukturen erlaubt es, dass alle Beteiligten sich nicht nur sprachlich mit der Situation auseinandersetzen. Nachdenken, Nachfühlen und Nachhandeln sind von Bedeutung. Die Auswertung im Sinne von Werte entdecken geht einher mit der entscheidenden Haltung in jeder Kommunikation, die Rogers eindrücklich dokumentiert hat, mit einfühlendem Verstehen, Wertschätzung und Kongruenz (vgl. Rogers, 1977).

Literaturverzeichnis

Blakeslee, T.R. (1982). Das rechte Gehirn. Das Unbewusste und seine schöpferischen Kräfte. Freiburg im Breisgau: Aurum.

Burow, O.-A., Quitmann, H. & Rubeau (1987). Gestaltpädagogik in der Praxis. Salzburg, Otto Müller Verlag.

Dethlefsen, T. & Dahlke, R. (1983). Krankheit als Weg. Deutung und Bedeutung der Krankheitsbilder. München: C. Bertelsmann.

Dahrendorf, R. (1961). Elemente einer Theorie des sozialen Konflikts. In: R. Dahrendorf, Gesellschaft und Freiheit. Soziologische Analysen der Gegenwart, (S. 206f.). München: Piper.

Fisher, R. & Ury, W. (1986). Das Harvard-Konzept. Sachgerecht verhandeln - erfolgreich verhandeln. Zürich: Ex libirs.

Jonas, D.F. & Jonas, A.D. (1982). Das erste Wort. Wie die Menschen sprechen lernten. Frankfurt/M., Berlin, Wien: Ullstein Verlag.

Jonas, D. & Daniels A. (1987). Was Alltagsgespräche verraten. Wien: Hannibal.

Meyer, F. (1989). Kreativität. Begrenzungen und Möglichkeiten. Wien, Zürich: Europa.

Rogers, C.R. (1977). Therapeut und Klient. München: Kindler.

André C. Wohlgemuth

Die externe Moderation grundlegender Veränderungen von Organisationen

Der Beitrag behandelt das vielschichtige und komplexe Thema "Wandel von und in Organisationen" primär aus Sicht der externen Moderation. Ausgehend vom beschleunigten Veränderungstakt in Unternehmen und in öffentlichen Verwaltungen sowie einer zunehmenden Professionalisierung des Veränderungs-Know-How, werden Einsatz und Unterstützungsmöglichkeiten für den Unternehmensberater bei ganzheitlich angelegten Neustrukturierungs-Vorhaben (Reorganisationen) aufgezeigt. Dabei wird die grosse Bedeutung des "Faktors" Mensch für den Projekterfolg analysiert. Danach werden die neuesten Erkenntnisse zur Prozessgestaltung ausführlich dargelegt und die sich ergebenden Anforderungen sowohl an den Moderator wie auch an die Organisation herausgeschält.

The contribution treats the multi-layered and complex topic "Change of and in Organizations" primarily from the perspective of an external moderation consultant. Taking into consideration the accelerating rhythm of change in enterprises and public administration as well as the rising professionalism of the know-how of change, the author shows the ways in which action and the possibilities of support for the management consultant function in projects of whole-scale restructuring (reorganization). Special emphasis is laid upon the "human" factor for the success of such a project. Subsequently the latest understanding of process consultation is explained in detail as well as the resulting demands on the moderator and the client organization.

1. Der beschleunigte Veränderungstakt in Unternehmen und öffentlicher Verwaltung erhöht den Bedarf an Veränderungs-"Know-how"

Das Thema Moderation grundlegender Veränderungen ist zweifellos aktuell; dies zeigt der seit vielen Jahren steigende Bedarf nach Unternehmensberatern, die die "Kunst" der Moderation beherrschen. Zum besseren Verständnis der Ausführungen in den folgenden Kapiteln ist es wichtig, die

Ursachen dieser Entwicklung zu kennen, weshalb diese kurz skizziert werden.

Organisationen definieren wir als sozio-technische Systeme (Wohlgemuth, 1991, S. 37), nämlich Unternehmen, Non-Profit-Organisationen und öffentliche Verwaltungen, die bestimmte Ziele verfolgen, beispielsweise die preisgünstige Befriedigung von Konsumentenbedürfnissen. Organisationen sind in diesem Sinne *primär* für ihre "Kunden" da. Auch eine öffentliche Verwaltung erfüllt nicht einfach einen Selbstzweck, sondern nimmt öffentlichrechtlich verankerte Aufgaben zum Wohle der entsprechenden Gemeinschaftsmitglieder wahr. Organisationen unterliegen einem *ständigen Veränderungsprozess* (vgl. z.B. Albach, 1986; Paul, 1985; Kimberley & Miles, 1981; Wohlgemuth, 1991, S. 39 - 50), der - unter anderem branchenbedingt - von sehr unterschiedlicher Intensität sein kann. Die Organisationen müssen sich auf die veränderlichen "Kundenbedürfnisse" ausrichten und zahlreiche weitere "externe" Herausforderungen meistern (z.B. gesetzliche Auflagen, Anliegen diverser Interessengruppen, ökologische Aspekte). Hinzu kommen wichtige Anforderungen, die intrinsisch, d.h. von innen heraus wachsen, beispielsweise aufgrund von Mitarbeiterbedürfnissen.

"Nichts ist beständiger als der Wandel" ist eine alte Weisheit und gilt natürlich in besonders ausgeprägtem Masse für Organisationen, die sich in einem kompetitiven Umfeld bewegen. Erfahrungsgemäss führt nur der *Wettbewerb* am Markt zur Freiheit jeder Person, selbst entscheiden zu können, wo, wann und zu welchem Preis sie Güter und Dienstleistungen bezieht. Die Organisationen, die es sich leisten können, weitgehend auf Veränderungen zu verzichten, sind in der Regel Monopolisten oder sie sind in kartellartig geschützten "Gärten" tätig. Der Wettbewerb zwingt die unternehmerischen Organisationen zur *ständigen Verbesserung ihrer Leistung*, beispielsweise zur Suche nach kundenspezifischeren, günstigeren und umweltfreundlicheren Lösungen, womit sich die Anforderungen an die Güter- und Dienstleistungs-Produzenten kontinuierlich erhöhen. Je intensiver der Wettbewerb, umso besser können Kundenwünsche in der Regel durchgesetzt werden und umso rascher muss der Anbieter reagieren.

Der daraus resultierende verstärkte Anforderungsdruck hat zu einer nachweisbaren *Beschleunigung des Veränderungstaktes in den Organisationen* geführt. Wir wollen dies am Beispiel der Neustrukturierung (= Reorganisation) von Grossunternehmen aufzeigen: Wenn zu Beginn der 70er Jahre mittlere und grosse Unternehmen ihre Makrostruktur (d.h. die Gesamtstruktur der Organisation, vgl. Wohlgemuth, 1990, S. 204) verändern wollten, galt dies nicht nur als ausserordentliches, sondern auch als seltenes Ereignis. Im Durchschnitt erfolgte eine - das gesamte sozio-technische System erfassende - Reorganisation im Abstand von fünfzehn oder mehr Jahren. Das hat sich wesentlich geändert: Der Durchschnitt dürfte in den dynamischeren Branchen gegenwärtig bei zirka fünf Jahren liegen. So vergingen beim weltweit tätigen Technologiekonzern *Sulzer* über zwanzig Jahre bis zur grossen Reorganisation von 1968 (Einführung einer Matrixstruktur). Der folgende Takt dauerte dreizehn Jahre, nämlich bis 1981. Und bis zur letzten Reorganisation von 1989 vergingen nur noch acht Jahre.

Selbstverständlich lässt sich die Reorganisationsdauer nicht beliebig verkürzen. Die Beschleunigung des Veränderungstaktes führt in der Praxis zunehmend in ein *Dilemma*, denn die erfolgreiche *Umsetzung eines Reorganisationsvorhabens beansprucht erhebliche Zeit*, manchmal mehrere Jahre. Die Durchführung von Reorganisationen ist keinesfalls einfacher geworden, vielmehr wird zunehmend erkannt und akzeptiert, dass es sich um einen umfassenden, in vielen Richtungen *vernetzten und anspruchsvollen Prozess* handelt (vgl. zur Illustration die Ausführungen zum "Lean" Management bei Reiss, 1992). Zur Erzielung *ganzheitlicher* Lösungen müssen die *Wechselwirkungen zwischen Strategie, Struktur und Kultur* (vgl. Rühli, 1988, S. 298) durch entsprechende Anpassungs- und Abstimmungsprozesse optimal genutzt werden. Hierbei spielen insbesondere Lernprozesse, die sowohl das Anpassungs- wie Veränderungslernen beinhalten, eine entscheidende Rolle. Nur so kann eine massgeschneiderte Organisationskultur entstehen, in der sich auch die Organisations- bzw. Unternehmenskultur[1] widerspiegelt. Jüngste empirische Untersuchungen in der Schweiz haben den auch gezeigt, dass in den finanziell erfolgreicheren Unternehmen "Strukturanpassungen" strategiegerechter, dynamischer und kräfteentfaltender gelingen (vgl. Wohlgemuth, 1989, S. 191 ff.).

Die Meisterung dieses primär wettbewerbsinduzierten, stets quantitativen und qualitativen Wandels ist selbstverständlich eine *permanente Herausforderung für alle Führungskräfte und Mitarbeiter* der Organisation. Der obersten exekutiven Führungsinstanz kommt hierbei eine Schlüsselrolle zu. Allerdings benötigen Veränderungen in Organisationen nicht nur den

---

[1] Der Schwerpunkt *'Kultur'* umfasst die Gesamtheit der Werte und Normen, die sich in der Ausgestaltung der Organisationsmerkmale manifestieren. Wir verzichten hier auf die Behandlung der begrifflichen Probematik und der entsprechenden Diskussion, weil wir an anderem Ort das Thema bereits vertieft haben (Wohlgemuth, 1989, S. 27 - 39).

Macht- sondern auch den *Fachpromotor* (Witte, 1973; Brose & Corsten, 1981), denn ein professionelles Vorgehen ist bei einer derart grundlegenden Veränderung wie sie eine Neustrukturierung darstellt, unerlässlich für den Realisierungserfolg (vgl. auch Brown & Lent, 1984). Das heutzutage verfügbare, umfassende fachliche Know-how muss selbstverständlich genutzt werden.

Obwohl in der Praxis kaum ein Reorganisationsprozess wie ein anderer verläuft, gibt es doch *methodische Gesetzmässigkeiten und Erfahrungswerte,* die erfolgsentscheidend sein können. So ist zu Projektbeginn das Festlegen und Kommunizieren einer kohärenten *Veränderungsstrategie* sehr wichtig. Die Veränderungsstrategie leistet als Orientierungsrahmen sowohl für die Projektmitglieder wie auch im Falle von Turbulenzen im Reorganisationsprozess wertvolle Hilfe. Zur Illustration werden in *Abb. 1* zwei Veränderungsstrategien verglichen, die zwar sehr verschieden sind, aber beide in entsprechenden Situationen sehr erfolgreich durchgeführt wurden.

Abb.1: Vergleich zwischen Bombenwurf- und Organisationsentwicklungs-Strategie bei Reorganisationen (Wohlgemuth, 1991a, S. 171ff.)

	Bombenwurf-Strategie		**Organisationsentwicklungs-Strategie**
1	Meistens Konzentration auf Strukturfragen	1	Ganzheitliche Betrachtungsweise (Organisation wird als soziotechnisches System aufgefasst)
2	Expertenlösung (logisch-rational "beste" Strukturvariante)	2	Auch Betroffene können Erfahrungen mit einbringen ("Involvement")
3	Geschäftsführung entscheidet exklusiv über Struktur (tendenziell Konfliktvermeidung)	3	Betroffene partizipieren am Entscheid (tendenziell Konflikthandhabung)
4	Lösung relativ rasch definiert	4	Lösungsfindung dauert relativ lange und ist aufwendiger als bei der B-Strategie
5	Geheimhaltung der Lösung bis zum Tage X unter Ausschluss der Mitarbeiter und meisten Führungskräfte	5	Erhöhte Informationsdiffusion sowie Transparenz von Anfang an, aber auch längere Phase der Verunsicherung
6	"Bombenwurf" am Tage X	6	Durch breit abgestützte Vorbereitungen keine "Überraschungseffekte"
7	Meistens grosse Widerstände, wenn nicht hart durchgegriffen wird	7	Keine oder relativ geringe Widerstände, deshalb schnellere Umsetzung
8	Nachträgliche Anpassungen meist unumgänglich (Detailprojekte im Anschluss)	8	In der Regel wenig Anpassung nötig, können rasch durchgeführt werden
9	Dauert lange, bis neue Struktur überall richtig eingespielt ist, meist hohe "Reibungsverluste"	9	Neue Struktur "sitzt" von Anfang an, weil Betroffene Veränderungen verstehen und stärker mittragen
10	Lernprozess für das Top-Management gross, für die übrigen Betroffenen gering	10	Lernprozess für alle Führungskräfte und betroffenen Mitarbeiter gross, Veränderungs-Know-how auf allen Hierarchieebenen akkumuliert

2. Die Unternehmensberatung ist sowohl externe Ressource als auch "Katalysator" im Veränderungsprozess

Die Begleitung und Implementierung von Neustrukturierungen gehören zu den *vielschichtigsten Dienstleistungsbeispielen in der professionellen Beratung*. Solche Mandate gelten als "hohe Schule" auch für den erfahrenen Unternehmensberater, denn in jedem Reorganisationsprozess stecken nicht nur grosse Chancen, sondern auch erhebliche Risiken für das soziotechnische System. Trotzdem ist die Frage legitim, ob und wieweit ein externer Berater für den erfolgreichen Abschluss eines Veränderungsprozesses nötig ist. Wir gehen davon aus, dass Veränderungen in Organisationen im Prinzip auch ohne externe Unterstützung erfolgreich durchgeführt werden können, dafür gibt es manche Beispiele. In der Regel können jedoch durch gezielten Einsatz entsprechend spezialisierter Unternehmensberater die Chancen für den Reorganisationserfolg massgebend vergrössert sowie die Risiken der "strategischen Investition" beträchtlich gesenkt werden. Die wichtigsten Gründe für diese Entwicklung sind die folgenden:

Erstens hat die zunehmende Spezialisierung in den meisten Belangen einer Organisation und die Bemühung um Bildung von imitationsgeschützten Kernfähigkeiten in Unternehmen zu einer konsequenteren *"make or buy"*-Politik geführt. Denn auch für grosse Organisationen stellt sich zunehmend die Frage, wieweit alle Stabs- und Dienstfunktionen unter dem eigenen Dach vereint sein müssen, ist doch damit auch die Verpflichtung (mit den Kostenfolgen) zur ständigen Aktualisierung des Know-hows verbunden. Seit längerem zeichnet sich analog zur Verringerung der Fertigungstiefe (Outsourcing) ein Trend ab, allgemeine Funktionen gezielt auszulagern, was natürlich auf der anderen Seite erleichtert wird durch das zunehmend professionalisierte Dienstleistungsangebot. Ein zentrales Merkmal dieses Angebots ergibt sich aus der Tatsache, dass die Leistungsfähigkeit, die fachliche Aktualität sowie die Qualität externer Dienstleistungen über den meist viel wirkungsvolleren *Wettbewerb* statt über interne Hierarchiemechanismen kontrolliert werden. Hinzu kommt, dass im Gegensatz zum internen Fachspezialisten der professionelle Unternehmensberater durch seinen geschärften Blick für die Gesamtsituation und seine Erfahrung aus unterschiedlichen Organisationen ganzheitlicher an die Problemstellung herangeht. Er wird viel weniger einer allfälligen *Betriebs- oder Branchenblindheit* unterliegen. Zur Lösung von Nicht-Routine-Aufgaben ist deshalb die Unternehmensberatung vielfach der *beste und kostengünstigste Weg*. Selbstverständlich ist darauf zu achten, dass dabei nicht langfristige

Abhängigkeiten entstehen, sondern die Lernprozesse in der Organisation aktiv gefördert werden.

Zweitens braucht es zur erfolgreichen Realisierung von Veränderungsprozessen nicht nur die sachlich richtigen Entscheide, sondern zusätzlich eine *objektive, unabhängige Begleitung,* insbesondere für die klippenreiche Implementierungsphase. Die internen Akteure sind oftmals durch mikropolitische oder "historische" Konstellationen blockiert und werden in ihrer zukunftorientierten Handlungsfähigkeit eingeschränkt. Sie wagen es als Individuen nicht, den möglicherweise insgeheim schon lange bekannten "gordischen Knoten" zu lösen. Die Stellung des Externen erlaubt es, vermittelnd zu wirken und der für die Organisation besten Lösung den Weg zu ebnen. Der erfahrene Berater weiss beispielsweise, dass in autoritär geführten Unternehmen das innovative Potential der Mitarbeiter zuwenig genutzt ist und es diesen meistens leichter fällt, mit einer "neutralen" Person über Verbesserungsmöglichkeiten zu reden. Der objektive, externe Berater übernimmt hier eine wichtige Funktion, die *intern nicht substituierbar* ist.

Drittens kann ein Veränderungsvorhaben aufgrund der gezielten Unterstützung durch die professionelle Unternehmensberatung *erheblich beschleunigt* werden, was wichtig ist, weil Zeit bekanntlich einen besonders wichtigen Wettbewerbsfaktor darstellt. Im Vordergrund stehen hier vor allem situationsgerechte Methoden und Projektabläufe, die geeignet sind, das intern vorhandene Potential rasch zu entfalten und *Widerstände gegen Neuerungen* (vgl. Beitrag Krapf in diesem Buch; Böhnisch, 1979; Kotter & Schlesinger, 1979) abzubauen oder zu verhindern. Für den beigezogenen Externen haben sich in der Praxis eine ganze Reihe von situativ einsetzbaren *Beraterrollen* herausgebildet (Wohlgemuth, 1991b; S. 141ff.; 1991, S. 128ff.) Die *temporär abrufbare Kapazität des Externen* erleichtert es, retardierende Engpässe oder Krisensituationen (vgl. Krystek, 1987) zu vermeiden und ist ein *stabilisierendes Element* für die in Gang gesetzten Anpassungs- und Innovationsprozesse. Selbstverständlich setzt das Ausschöpfen solcher Synergiepotentiale eine gute und vertrauensvolle Zusammenarbeit zwischen Berater und Klient voraus.

Bedenken zum Moderatoreneinsatz, beispielsweise im Hinblick auf die Zweckmässigkeit der entsprechenden Investition, sind bei umfassenden Veränderungsprozessen nur dann begründet, wenn die Voraussetzungen zu einer professionellen Zusammenarbeit schlecht sind. Das heisst, wenn von den Anforderungen an die moderierende Person und an die Organisation (wie sie im Schlusskapitel aufgeführt sind) zuviele nicht erfüllt sind.

Offensichtlich sind die Zeiten vorbei, als der Beizug eines Unternehmensberaters für ein Zeichen von Unfähigkeit der Geschäftsführung verstanden wurde. Heute machen praktisch alle Unternehmen, Non-Profit-Organisationen und öffentliche Verwaltungen vom breiten Angebot der Unternehmensberatung Gebrauch. Es scheint sogar, dass gerade die jeweiligen Branchenleader die damit verbundenen Möglichkeiten am intensivsten nutzen. Unsere mit über 1 000 Indikatoren durchgeführte empirische Studie über die *Erfolgsfaktoren von Unternehmen* (Wohlgemuth, 1989) gab auch Hinweise darauf, dass die finanziell erfolgreicheren Unternehmen im Vergleich zu ihren Wettbewerbern gezielter und häufiger Impulse von aussen, u.a. von Unternehmensberatern, annehmen.

Nach diesen wichtigen grundsätzlichen Überlegungen zur Unternehmensberatung im Veränderungsprozess von Organisationen bleibt noch der *Begriff Moderation* kontextgerecht zu erklären (vgl. auch Beiträge Hirt sowie Ziegler in diesem Buch). Moderation definieren wir als (Beratungs-) Funktion einer Person (Moderator), die die Qualität menschlicher Interaktion positiv beeinflusst. Diese Funktion kann im Prinzip in ganz verschiedenen Lebenssituationen vorkommen wie beispielsweise bei einer Podiums-Diskussion oder in einem Workshop.[2] Der Moderator wirkt ausgleichend "zwischen" betroffenen Personen und ihren unterschiedlichen Meinungen, Verhaltensweisen und Einstellungen und zwar im Hinblick auf eine bessere Erfüllung gemeinsamer Ziele. Die Moderation setzt "Verhaltens-Spielregeln" voraus, die von den Beteiligten, zumindest mehrheitlich, akzeptiert werden; und der Moderator muss auf deren Verletzung aufmerksam machen sowie zur Transparenz von Interessen und Beziehungen beitragen (vgl. Interventionstheorie, z.B. Titscher, 1991; Argyris, 1970). Durch gute Moderation werden wie beim "Katalysator" die benötigten innovationsfördernden Prozesse in Gang gesetzt, die sonst überhaupt nicht, nur in geringerem Ausmass oder erst mit sehr viel mehr Aufwand möglich wären.

Diese Ausführungen machen deutlich, dass die Moderation von grundlegenden Veränderungen eine zwar heikle, aber äusserst wichtige Funktion erfüllen kann. Moderation ist hier eine Art Balanceakt zwischen den Akteuren des Neustrukturierungsprozesses mit dem Ziel, das vor-

---

[2] Der *Workshop* ist eine spezielle Seminarform, bei der Fragen aus der betrieblichen Praxis problemorientiert mit den (betroffenen) Teilnehmern thematisiert, bearbeitet (primär durch Einbezug der Erfahrung und des Wissens aller Teilnehmer) und das weitere Vorgehen am Schluss verbindlich vereinbart werden. Der Workshop wird meistens durch einen Moderator geleitet und soll das Lernen durch Erfahrung fördern. Eingesetzt werden vor allem interaktionsintensive Methoden, wie Gruppenarbeit und -präsentation, Info-Markt, Expertengespräche etc.

handene Potential voll auszuschöpfen, das "Machbare" aktiv zu fördern und unrealistische Wunschvorstellungen rechtzeitig zu relativieren. Die Moderatorenrollen weist durchaus gewisse Gemeinsamkeiten mit der Führungsrolle auf, so z.B. wenn es darum geht, überraschende oder ungewohnte Situationen derart zu handhaben, dass die Beteiligten die gebotenen Chancen bestmöglich und kreativ nutzen können.

3. Die Moderation des Neustrukturierungsprozesses ist eine komplexe Aufgabe

3.1 Der "Faktor" Mensch und seine grosse Bedeutung für Veränderungen

Der Neustrukturierungsprozess einer Organisation wird nun als Beispiel und konkretes Anwendungsgebiet der Moderation noch vertiefter behandelt. Jede Neustrukturierung der ganzen Organisation ist ein Veränderungsprozess von grosser Tragweite. Die Hauptschwierigkeit dabei ist fast immer die konsequente *Realisierung* der für die Zukunft als richtig erkannten Veränderungen, was voraussetzt, dass sich möglichst alle Führungskräfte und Mitarbeiter der Organisation ernsthaft engagieren und die Neuerungen aus Überzeugung unterstützen. Der Mensch erweist sich im Reorganisationsprozess meistens als kritische Grösse oder "Engpassfaktor".

Diese Erkenntnis ist in den Untersuchungen von Ansoff (1979, S. 199) sehr anschaulich gezeigt. Er stellt fest, dass die Anpassung der *Unternehmensstrategie* an die zunehmende Umweltturbulenz in der Regel noch relativ leicht gelingt, hingegen die Anpassung der *Organisationsstruktur* bereits bedeutend mehr Mühe bereitet. Die *grössten Soll-Ist-Differenzen* sieht er jedoch in der Praxis beim *Humanpotential*, worunter die Gesamtheit der Fähigkeiten der Mitarbeiter und Führungskräfte zu verstehen ist.[3] Der Aufbau der noch fehlenden *Fähigkeitspotentiale* ist schwierig und benötigt viel Zeit. Die neue, zukunftsgerichtete Struktur bleibt jedoch ein blutleeres Gerippe ohne die entsprechenden Anpassungsleistungen beim "Faktor" Mensch.

---

[3] Mit dem Begriff *Humanpotential*, den wir dem gebräuchlicheren, jedoch irreführenden Begriff Humankapital vorziehen, bezeichnen wir die Gesamtheit menschlicher Arbeitskraft (Mitarbeiter und Führungskräfte mit ihrem Wissen, Können, Verhalten und ihren Werthaltungen), aus der die Organisation besteht (Wohlgemuth, 1989, S. 21). Das Humanpotential ist sowohl Teil und Träger der spezifischen Organisationskultur.

Abb. 2 veranschaulicht diesen Sachverhalt: Ein Unternehmen (X) hat sich ausgehend von der alten Umweltsituation (Ua), ihrer neuen, turbulenteren Umwelt (Ub) durch Neuformulierung ihrer *Unternehmensstrategie* angepasst. Die *Organisationsstruktur* birgt hingegen noch erheblichen Anpassungsbedarf (Differenz = Δ S), und beim *Humanpotential* ist zur Zeit noch alles auf die älteren, inzwischen abgelösten Anforderungen (bei Ua) ausgerichtet (Differenz = Δ H). Wird die Reorganisation unter dem Gesichtswinkel einer gesamtunternehmerischen Entwicklung betrachtet, so müssen gemäss Ansoff die genannten Schwerpunkte - Strategie, Struktur und Humanpotential - in Einklang gebracht werden. Damit wird verhindert, dass die mit viel Optimismus verabschiedete Unternehmensstrategie versandet, was leider allzuoft geschieht.

Abb. 2:   *Professionelle Reorganisationsprozesse sollten Strategie, Struktur und das Humanpotential in Einklang bringen.*

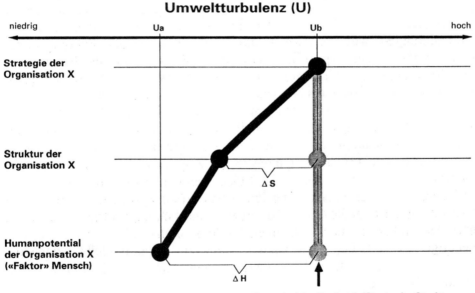

Im Hinblick auf die bereits beschriebene stetige Beschleunigung des Veränderungstaktes stellt sich die Frage, ob Neustrukturierungen zu einem permanenten Prozess im Sinne einer ständigen *Organisationsentwicklung* (Wohlgemuth, 1991, S. 51ff.) werden. Nach unseren Erfahrungen braucht es bei einer Verkürzung der Reorganisationszyklen, wie übrigens bei allen strategischen Investitionen, eine *Konsolidierungsphase*. Es sind nicht zuletzt organisationspsychologische Überlegungen, die dafür sprechen, die Makrostruktur schubweise und nicht kontinuierlich zu verändern. Unter anderem lassen sich die wichtigen und effizienzrelevanten Bedürfnisse der Mitarbeiter und Führungskräfte nach Sicherheit und Konstanz besser berücksichtigen. Grosse Veränderungen können bekanntlich am Arbeitsplatz zu folgenschweren psychischen Überforderungen führen, sie stellen praktisch immer eine Zusatzbelastung dar, die "verdaut" werden muss. Hingegen hat es sich durchaus bewährt, Feinanpassungen laufend vorzunehmen und hierfür die Entscheidungskompetenz soweit wie möglich an die "Basis" zu verlagern.

3.2 Erkenntnisse zur Prozessgestaltung und Unterstützungsmöglichkeiten des externen Moderators

Es folgt nun die Darstellung, wie Neustrukturierungsprozesse im einzelnen verlaufen und welche Unterstützungsmöglichkeiten der externen Moderation zukommen (gemeint sind ein oder mehrere Moderatoren; sowohl männliche als auch weibliche Personen). Die Veränderung der Makrostruktur eines Unternehmens ist eine "klassische" Nicht-Routine-Aufgabe, für die sehr häufig ein professioneller Veränderungsexperte beigezogen wird (vgl. auch Kirsch et al., 1979, S. 275ff.). Selbstverständlich muss in jede *Makrostruktur* viel praktische Erfahrung mit dem unternehmensspezifischen Geschäft einfliessen; genauso wie bei der *Unternehmensstrategie,* die sich, trotz mancher Versprechungen von Beraterseite, erfahrungsgemäss nicht wie ein Softwarepaket "einkaufen" lässt. Vielmehr müssen diese unternehmenspolitischen Schwerpunkte *von innen heraus* entwickelt werden. Die ureigensten Aufgaben des Managements können nicht einfach an externe Berater "delegiert" werden (vgl. auch Kirsch et al., 1979, S. 275ff.). Schliesslich sind auch die damit verbundenen *unternehmenskulturellen* Anpassungsprozesse primär eine Aufgabe aller Führungskräfte und Mitarbeiter.

Diese Erkenntnisse (vgl. auch Overholt & Altier, 1988; Schein, 1987 und 1969; Lippitt & Lippitt, 1984; Bennis et al., 1976) machen deutlich, warum gerade beim Neustrukturierungsprozess der Unternehmensberater vor allem als *Moderator* eine grosse Wirkung erzeugt. Die Vorteile dominieren und die Kosten sind vernachlässigbar, wenn man mit dem hohen Investitionsrisiko vergleicht, welches Reorganisationen normalerweise anhaftet. Beispielsweise betragen in einer grossen, international präsenten Universalbank allein die projektbedingten Aufwendungen 2 - 3 Prozent der Jahres-Lohnsumme (vgl. Wohlgemuth, 1992, S. 42).

Entscheidend ist natürlich, dass der Moderator sich ausschliesslich in den Dienst der Organisation stellt und keine Partialinteressen vertritt. Dies setzt beim Moderator u.a. weitestgehende *Unabhängigkeit* voraus. (Auf das Thema Anforderungen wird im Schlusskapitel noch speziell eingegangen.) Wie bereits gezeigt wurde, wirkt die moderierende Person in erster Linie dahingehend, das Potential der internen Ressourcen bestmöglichst zu entfalten. Sie wirkt den mit der zunehmenden Spezialisierung häufig einhergehenden "Abschottungstendenzen" der organisatorischen Einheiten entgegen und fördert die interne Kommunikation. Es ist deshalb empfehlenswert, die externe Moderation *von Anfang an* einzusetzen, womit die Prozesskontinuität besser gewahrt werden kann.

Externe Moderatoren müssen zu Beginn immer prüfen, wie gut die *Voraussetzungen* für einen Neustrukturierungsprozess sind. Beispielsweise gibt es für jede Reorganisation besser und schlechter geeignete Zeitpunkte. So wäre es aus organisationspsychologischen Überlegungen ungünstig, bereits wieder zu starten, bevor die letzte Reorganisation einigermassen "verdaut" ist. Der erfahrene externe Moderator kann in bestimmten Situationen aber auch dazu ermuntern, mit grundlegenden Änderungen der Makrostruktur früher als geplant zu beginnen. Wenn immer möglich, sollten solche Prozesse ausgelöst werden, solange es dem Unternehmen noch gut geht ("Gouverner c'est prévoir"). Dann sind bezüglich erfolgsversprechender Vorgehensweise und Methoden noch am meisten Optionen offen, insbesondere wird die Wahl der Veränderungsstrategie nicht vom Zeitdruck diktiert. In einer Krisenphase, also bei hohem Problemdruck (Wohlgemuth, 1991, S. 48ff.), wie er beispielsweise vor einem drohenden Entlassungsschub besteht, ist das kreative Ausschöpfen der mit jeder Neustrukturierung verbundenen Chancen entsprechend schwieriger.

Als günstiger Zeitpunkt für Neustrukturierungen hat sich übrigens schon oft die nahende Ablösung der Person an der Unternehmungsspitze erwiesen. Ideal ist es, wenn die Schwächen der bisherigen Makrostruktur offenkundig sind und die Bereitschaft zu Veränderungen im Unternehmen sich breitmacht. Ein *systematisches* Vorgehen ist im übrigen die beste Garantie, dass die Reorganisation nicht entgleitet. Der Prozess muss in einem überblickbaren Zeitrahmen durchgezogen werden, nicht zuletzt weil während der Reorganisation der Handlungsspielraum des Unternehmens eingeschränkt ist. Gleichzeitig müssen die Dynamisierungs- und Flexibilisierungschancen sowie die nur selten so intensiven Lernmöglichkeiten für die Mitarbeiter aller Stufen möglichst intensiv genutzt werden. Der Moderator kann entsprechend seiner Rolle auch hierzu einen wichtigen Beitrag leisten.

Eine unerlässliche Bedingung für das Engagement auf allen Stufen ist regelmässige, sorgfältige *Information* und die *Abstimmung* der einzelnen Schritte mit dem Betroffenen, auch wenn die Mühe und der Zeitaufwand dafür beachtlich sein können. Der Moderator kommt in der Regel auch hier häufig zum Einsatz. Die Arbeitnehmervertretungen sind in geeigneter Weise einzubeziehen. In Publikumsgesellschaften empfiehlt sich die regelmässige und sorgfältige Information der Presse. Durch eine positive Beurteilung der Reorganisation in der Öffentlichkeit verbessert das Unternehmen sein *Image* und erhält so indirekt zusätzliche Unterstützung.

Für Neustrukturierungsprozesse bewährt sich eine *massgeschneiderte*, vom Moderator mitgestaltete Projektstruktur, an deren Spitze ein Projektmanagement steht, welches aus den *geeignetsten* Führungskräften zusammengesetzt ist. Meistens wird ein Projektteam unter einer internen Projektleitung (vorzugsweise einem Geschäftsleitungsmitglied) gebildet, dem auch der externe Moderator angehört. Oftmals werden noch Subteams eingesetzt, die mit speziellen Aufgaben betraut werden. Der Prozess sollte, wie anschliessend gezeigt, in Phasen gegliedert werden, die situationsspezifisch auszugestalten sind. Allfällige *Sofortmassnahmen* müssen immer möglich sein und sind selbstverständlich auf das Vorgehenskonzept abzustimmen. Im übrigen sollten schon zu Projektbeginn die angestrebten *Hauptergebnisse der einzelnen Phasen definiert werden* (vorerst formal, nicht inhaltlich). Dies erhöht erfahrungsgemäss die Projekteffizienz erheblich und erleichtert die periodischen Standortbestimmungen während des Projektes, die zweckmässigerweise vom Moderator koordiniert werden.

Schon immer war die *Beteiligung* der Betroffenen der beste Weg, um positive Kräfte freizumachen. Es bewährt sich auch bei Neustrukturierungen, wo immer möglich, die Betroffenen selbst die Details festlegen zu lassen. Der Moderator kann mit seiner Erfahrung das bestgeeignete partizipative Projektdesign entwickeln. So können beispielsweise Arbeitsteams - bestehend im Prinzip aus den später dafür verantwortlichen Führungskräften - ihre endgültigen Bereichsstrukturen selbst erarbeiten und die meisten, oft überaus schwierigen Abgrenzungsfragen vorab bilateral regeln. Dies gibt erfahrungsgemäss viel Dynamik ins Projekt und lenkt das Engagement in die richtigen Bahnen.

Bei Neustrukturierungen geht es schliesslich immer um Menschen, um Positionen, um Macht. Jede Instanz, die für den Reorganisationsprozess die Gesamtverantwortung trägt, übernimmt dabei *ethische Verantwortung*. Gerade bei solch grundlegenden Veränderungen werden Werthaltungen - in Anspruch und Wirklichkeit - sichtbar. Die Unternehmensspitze ist Garant dafür, dass der Wandel nach den in unserer Gesellschaft anerkannten Regeln der Fairness verläuft (zur ethischen Dimension bei Veränderungen vgl. z.B. Connor & Lake, 1988, S. 171ff.). Den Mitarbeitern haben die Strukturen bisher *viel Sicherheit* geboten. Je häufiger diese umgestossen werden, um so mehr gibt es *Verunsicherung*, entstehen *Ängste*; und je grösser die Veränderung, um so weniger wird sie i.d.R. verstanden. Deshalb sind für die Vertrauensbildung im Reorganisationsprozess die eigenen Vorgesetzten, das Vorbild an der Spitze, ein überzeugendes Human Ressources-Konzept und die gelebte Unternehmungsphilosophie ('Leitbild') so wichtig. Der unabhängige, professionelle Moderator wird seinerseits im Veränderungsprozess sehr viel zur *Motivation* beitragen können, denn allein die Tatsache, dass er beigezogen wurde, signalisiert den Mitarbeitern und Führungskräften gleichzeitig den Willen, die Neustrukturierung nach sachlichen Kriterien durchzuführen.

In der *Abb. 3* wird beispielhaft gezeigt, wie der Projektablauf gegliedert werden kann. So sind im allgemeinen die inhaltlichen Schwerpunkte Strategie, Struktur und Kultur zu definieren. Diese Schwerpunkte werden zweckmässigerweise in Analyse-, Konzept- und Umsetzungsphasen gegliedert und aufeinander abgestimmt, wobei vor der Analysephase manchmal eine Vorphase definiert wird. Normalerweise muss das Strategie-Thema vor der Struktur bearbeitet werden. Für ganzheitlich angelegte Veränderungsprozesse, wie in der Abbildung skizziert, hat sich eine zusätzliche übergelagerte Dimension (Projektphase I - III) zur Projektsteuerung bewährt. Dass auch nach Implementierung aller Strukturelemente der *ständige* Anpassungs- und Veränderungsprozess bei den Schwerpunkten Strategie und Kultur nicht völlig ruhen kann, wird durch die beiden kleinen Pfeile angedeutet. Eine solche Projektgliederung eignet sich auch für den Einsatz des Moderators. In der Abbildung wird ergänzend der ungefähre Zeitaufwand sowohl für den Klienten als auch für den externen Moderator gezeigt. Im Vergleich zum 'traditionellen' Unternehmensberater wird der Moderator in der Analysephase weniger intensiv eingesetzt, hingegen wird er in der Umsetzungsphase relativ viel Zeit brauchen. Eine klare Gliederung von

Anfang an erhöht zudem bei den im Projekt involvierten Führungskräften und Mitarbeitern die Akzeptanz für die *erheblichen Belastungsschwankungen,* die sich im Laufe der verschiedenen Phasen ergeben und meist eine 'Zusatzbeschäftigung' zum Tagesgeschäft darstellen.

Abb. 3: Gliederungsraster für ein ganzheitlich angelegtes, komplexes Projekt zur unternehmerischen Neuausrichtung (das konkrete Beispiel entstand für einen Dienstleistungskonzern)

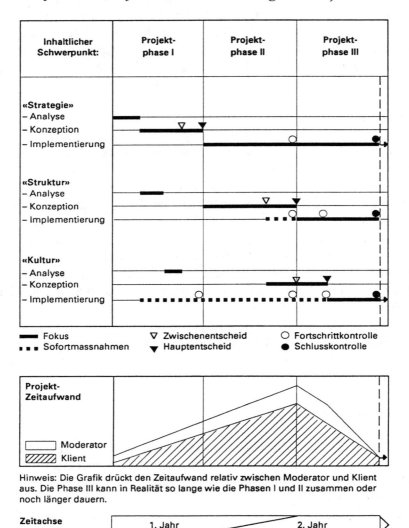

3.3 Spezielle Hinweise für die Neustrukturierung

Analyse

Die Hauptergebnisse der Analysephase sind erfahrungsgemäss fundierte *Stärken-/Schwächenprofile*, Darlegung der strategischen *Chancen und Risiken*, Analyse und Fokussierung der *unternehmerischen Aktivitätsschwerpunkte* (Leistungsprogramm, Kernkompetenz) sowie ein gewichteter *Anforderungskatalog für die neue Makrostruktur*. Der Moderator wird hierfür in entsprechenden Workshops, Gesprächen und durch gezielte Aktivitäten darauf einwirken, dass einerseits das intern akkumulierte Wissen ausgeschöpft wird und anderseits die benötigten externen Informationen rechtzeitig beschafft werden.

Konzeption

In der Konzeptionsphase geht es um die Entwicklung von geeigneten *Lösungsvarianten, deren Beurteilung* und anschliessend um die Bestimmung der *favorisierten Makrostruktur*. Die Konzeptphase ist in Wirklichkeit aber erst abgeschlossen, wenn ein tauglicher *Aktionsplan* für die Umsetzung vorliegt. Zu berücksichtigen ist darin beispielsweise auch eine zukunftsorientierte Ausgestaltung des Führungsinstrumentariums und des Management Development-Konzeptes. Selbstverständlich muss mit anderen parallel laufenden Projekten koordiniert werden. Für Neustrukturierungen in *Grosskonzernen* mit vielen dezentralisierten unternehmerischen Einheiten, empfiehlt sich in dieser Phase ein *zweistufiges Vorgehen*, weil vorerst als Basis ein abgestimmtes *Grobkonzept* erarbeitet werden kann. Dies erhöht die Projektflexibilität und erlaubt den Einbezug zwischenzeitlicher Erfahrungen. Der Moderator kommt während der ganzen Konzeptphase zum Einsatz.

Implementierung (Umsetzung)

Das Ergebnis der Umsetzungsphase muss definitionsgemäss die *abgeschlossene Implementierung* der angestrebten Neuausrichtung sein. Aus strategischer Sicht ist insbesondere der Zeitpunkt wichtig, von dem an die Neuerungen eingespielt sein sollen und somit die Vorteile der neuen Makrostruktur voll zum Tragen kommen. Dies ist keineswegs unmittelbar nach offiziellem Inkrafttreten der Struktur der Fall, vielmehr beanspruchen die damit zusammenhängenden Feinanpassungen, vor allem beim Humanpotential, bekanntlich viel Zeit und Energie.

Durch geeignete Qualitätssicherungs-Methoden, wozu auch die Beibehaltung der verantwortlichen Projektgremien bis zum Schluss gehört, kann diese besonders heikle Phase effektiver zum Ziel geführt werden. In aller Regel wird das notwendige Engagement der Unternehmensspitze sowie die benötigte Zeit und Energie für den Aufbau neuer Fähigkeitspotentiale erheblich *unterschätzt*. Die moderierende Person muss deshalb auch dafür sorgen, dass die besonderen Schwierigkeiten dieser Phase rechtzeitig erkannt werden und sie sollte an den Fortschritts- und Schlusskontrollen teilnehmen. Sie wird im Bedarfsfall unterstützend aktiv; insgesamt reduziert sich das Engagement zunehmend. Je besser die Implementierung voranschreitet, umso überflüssiger wird diese Funktion.

3.4 Hohe Anforderungen an die moderierende Person und an die Organisation

Die Ausführungen haben gezeigt, dass Neustrukturierungsprozesse nicht nur komplex sind, sondern an alle beteiligten Personen sehr hohe Anforderungen stellen. Die Aufgaben, die der externe Moderator dabei bewältigen muss, sind äusserst vielfältig und lassen sich naturgemäss nicht genau planen. Unabdingbar ist deshalb eine gute professionelle Grundlage, aber auch eine ausgeglichene Persönlichkeit (vgl. Beiträge von Ziegler und Krapf in diesem Buch sowie Hofmann, 1991). Die wichtigsten Anforderungen an den *externen Moderator* lauten:

- Nachweis entsprechender *Moderationserfahrung* (Know-how wie man Reorganisationsprozesse strukturiert und erfolgreich unterstützt), aber auch *Fachwissen* über die neuesten Erkenntnisse in Strukturfragen
- Bewusstmachen nicht nur der *Betriebs-*, sondern auch der *Branchenblindheit*, was nicht zuletzt entsprechendes Fachwissen voraussetzt
- zeitliche *Kapazitätsreserven* bereithalten (beispielsweise für die *Moderation* in schwierigen Konfliktsituationen)
- geschäftspolitische *Unabhängigkeit*
- in der Lage sein, bei Bedarf *objektiven Rat* geben zu können (Garant für Sachbezogenheit gegenüber Auftraggeber, integrations- und effektivitätssteigernde Wirkung)
- Gewährleistung absoluter *Vertraulichkeit* nach aussen

- nicht als theoriegläubiger Besserwisser auftreten, sondern ein *mitfühlender, lernbereiter* und *kostenbewusster Partner* sein.

Der Klient (die Organisation) muss seinerseits verschiedene Anforderungen erfüllen, damit der Neustruktuierungsprozess erfolgreich verläuft. In der Praxis zeigt sich, dass grössere Erfahrung im Umgang mit Unternehmensberatern sich sehr positiv auf die Qualität der Interaktion zwischen Klient und Moderator auswirkt. Der Klient hat klarere Vorstellungen und Erwartungen, er weiss deshalb besser, worauf es bei der Auswahl 'seines' Moderators ankommt. Folgende Anforderungen stehen beim *Klienten* im Vordergrund:

- *Wille,* die notwendigen Veränderungen *konsequent zu realisieren* (keine Alibiübung)
- *sichtbares Engagement* der Geschäftsleitung
- Bereitschaft, in den *Spiegel* zu schauen und konkrete Schlüsse daraus zu ziehen
- *offene Kommunikation mit dem Moderator, Aufnahme-* und *Lernbereitschaft*
- *Vertrauen zum Moderator*

Je professioneller die Zusammenarbeit zwischen Klient und Moderator ausgestaltet ist, umso effektiver kann der Neustrukturierungsprozess gefördert werden. Kein Zweifel, Reorganisationen wecken Emotionen. Die Prozesse, die dabei ausgelöst werden, sind immer vielschichtig und spannend. Reorganisationen müssen aber keineswegs Angst und Widerstände erzeugen, sie werden bei geeignetem Vorgehen brachliegende Kräfte entfalten und sollen auch Motivieren und Mut machen.

Literaturverzeichnis

Albach, H. (1986). Empirische Theorie der Unternehmensentwicklung. Opladen: Westdeutscher Verlag.
Ansoff, I.H. (1979). Strategic Management. London: Wiley.
Argyris, C. (1970). Intervention Theory and Method. A Behavioral Science View. Reading (Mass.): Addison-Wesley.
Bennis, W.G., Benne, K.D., Chin, R. & Corey, K.E. (Hrsg.) (1976). The Planning of Change. New York: Holt Rinehart & Winston. (3. erweiterte Aufl.)
Bleicher, K. (1992). Leitbilder: Orientierungsrahmen für eine integrative Management-Philosophie. Stuttgart: Schäffer-Poeschel/Zürich:NZZ.
Böhnisch, W. (1979). Personale Widerstände bei der Durchsetzung von Innovationen: Stuttgart: Poeschel.
Brose, P. & Corsten, H. (1981). "Anwendungsorientierte Weiterentwicklung des Promotoren-Ansatzes". In: Die Unternehmung. 35. Jg. S. 89 - 104
Brown, S.D. & Lent, R.W. (1984). Handbook of Counseling Psychology. John Wiley & Sons. (A Wiley-Interscience Publication)
Connor, P.E. & Lake, L.K. (1988). Managing Organizational Change. New York: Praeger.
Hoffmann, W.H. (1991). Faktoren erfolgreicher Unternehmensberatung. Wiesbaden: Deutscher Universitäts-Verlag.
Kimberley, J.R. & Miles, R.H. (Hrsg.) (1981). The Organizational Life Cycle. San Francisco, CA: Jossey-Bass.
Kirsch, W., Esser, W.-M. & Gabele, E. (1979). Das Management des geplanten Wandels von Organisationen. Stuttgart: Poeschel
Kotter, J.P. & Schlesinger, L.A. (1979). Choosing strategies for change. In: Harvard Business Review. 57. Jg. Nr. 2. S. 106 - 114
Krystek, U. (1987). Unternehmungskrisen. Wiesbaden: Gabler.
Lippitt, G. & Lippitt, R. (1984). Beratung als Prozess. Goch: Bratt-Institut für Neues Lernen. (Psychologie im Betrieb. Bd. 6)
Overholt, M.H. & Altier, W.J. (1988). Participative-Process consulting. In: Journal of Management Consulting. 4. Jg. Nr. 3. S. 13 - 23
Paul, H. (1985). Unternehmungsentwicklung als betriebswirtschaftliches Problem. Frankfurt am Main: Lang.
Reiss, M. (1992): Mit Blut, Schweiss und Tränen zur schlanken Organisation. In: Harvard Manager. 14. Jg. Nr. 2. S. 57 - 62

Rühli, E. (1988). Das Corporate-Culture-Konzept als Herausforderung für die Führungslehre, In: Wunderer, R. (Hrsg.): Betriebswirtschaftslehre als Management- und Führungslehre. Stuttgart: Poeschel (2. ergänzte Aufl.). S. 293 - 306
Schein, E.H. (1969). Process Consultation. Reading (Mass.): Addison-Wesley.
Schein, E.H. (1987). Process Consultation, Bd. 2. Reading (Mass.): Addison-Wesley.
Titscher, S. (1991). Intervention: Zu Theorie und Techniken der Einmischung. In: Hofmann, M. (Hrsg.): Theorie und Praxis der Unternehmensberatung. S. 309 - 343. Heidelberg: Physica.
Witte, E. (1973). Organisation für innovationsentscheidungen. Göttingen: Schwartz. (Kommission für wirtschaftlichen und sozialen Wandel. Bd. 2)
Wohlgemuth, A.C. (1989). Unternehmungsdiagnose in Schweizer Unternehmungen: Untersuchungen zum Erfolg mit besonderer Berücksichtigung des Humanpotentials. Bern: Lang (Europäische Hochschulschriften).
Wohlgemuth, A.C. (1990). Ist die Struktur der Unternehmung wirklich erfolgsrelevant? In: Rühli, E. & Krulis-Randa, J. (Hrsg.): Gesellschaftsbewusste Unternehmungspolitik - "Societal Strategy". S. 199 - 255. Bern: Haupt.
Wohlgemuth, A.C. (1991). Das Beratungskonzept der Organisationsentwicklung: Neue Form der Unternehmungsberatung auf Grundlage des sozio-technischen Systemansatzes. Bern/Stuttgart: Haupt (3. Aufl.).
Wohlgemuth, A.C. (1991a). Der Reorganisationsprozess als Paradigma der ganzheitlichen Beratung. In: Hofmann, M. (Hrsg.): Theorie und Praxis der Unternehmensberatung. S. 165 - 187. Heidelberg: Physica.
Wohlgemuth, A.C. (1991b). Der Makrotrend in der ganzheitlichen Organisationsberatung. In: Hofmann, M. (Hrsg.): Theorie und Praxis der Unternehmensberatung. S. 137 - 163. Heidelberg: Physica.
Wohlgemuth, A.C. (1992). Keine vorschnellen Bombenwürfe! (Der Reorganisationsprozess im Dienstleistungskonzern). In: Schweizer Bank. 7. Jg. Nr. 4. S. 42 - 44

Jörg Fengler

Moderation aus der Sicht des Moderators

In diesem Beitrag werden zunächst die Kontaktaufnahme zwischen Firma und Moderator und die ersten Vereinbarungen so dargestellt, dass Leserin und Leser selbst aus der Perspektive des Moderators intervenieren und Weichenstellungen vornehmen können. Es wird dann aufgezeigt, wie Rolle und Aufgabengebiete des Moderators sich im Laufe der Zeit verändern. Einerseits lernt er die Interna der Firma immer besser kennen, kann gezielter an Problemlösungen mitwirken und wird zur Vertrauensperson. Andererseits besteht seine Aufgabe darin, Distanz zu wahren, Aufträge nur im Rahmen seiner Kompetenz anzunehmen, Rollenkonfusionen zu vermeiden und jede seiner Einzelmassnahmen als Schritt innerhalb eines Gesamtberatungsprozesses zu verstehen und verständlich zu machen.

In this article there is demonstrated the initiation of contact between factory management and facilitator. The first agreements are shown in a way that the reader has the opportunity to act in the role of the facilitator himself. It is demonstrated in which way role and duties of the facilitator change, while time goes. He or she learns more and more to understand the factory's culture and questions. His ability to help the factory's problems grows. He becomes a significant person to the management. On the other hand he is obliged to keep distance to reject orders he cannot fullfill and to avoid role confusion. Mainly he or she must take care to conceptualize and to communicate every single action that is done as a part of an overall process of councelling for the whole factory.

Beginnen wir mit ein paar Entscheidungen, die ich selbst zu Beginn der Moderationsarbeit mit einer Firma zu fällen hatte und an denen der Leser teilhaben mag.

1. Kontaktaufnahme

Ein Herr, der sich als Herr Meier, erster Geschäftsführer einer Firma aus der Autobranche mit 220 Mitarbeitern vorstellt, meldet sich telefonisch bei Ihnen. Die Firma liegt nach seinen Angaben ca. 150 km von Ihrem Wohnort entfernt. Er sagt, Sie seien ihm empfohlen worden; er würde sich gern einmal mit Ihnen über seine Firma unterhalten und speziell über die Kooperationsfragen, die es da gebe.

Zum Gespräch kommen dann er und ein zweiter Herr, Herr Neuhaus, der zweite Geschäftsführer der Firma.
Die Firma wird im Rahmen eines Mitbestimmungsmodells geführt, das Herr Meier selbst entwickelt und über das er auch ein Buch geschrieben hat. Dieses Modell wird in der Firma seit 10 Jahren praktiziert.

Das Modell wird sowohl von anderen Firmen wie von den Gewerkschaften skeptisch beäugt; es räumt den Mitarbeitern weitgehende Mitbestimmung und Gewinnbeteiligung ohne Risikobeteiligung ein. Weitere Gewinne der Firma fliessen einer Stiftung zu, die erwachsenenbildnerische sowie weitere gemeinnützige und humanitäre Ziele verfolgt.

Hinzu kommt, dass die Mitarbeiter angehalten sind, sich gruppenweise zusammenzutun und einen Sprecher zu wählen, um so ein demokratisches Gegengewicht zur Position des Vorgesetzten zu schaffen. Der Vorgesetzte ist verpflichtet, in Konfliktfällen stets mit der ganzen Gruppe zu sprechen und zu verhandeln.

Nach anfänglichen Erfolgen scheint der Zuspruch der Mitarbeiter zu diesem Modell in letzter Zeit nachzulassen. Auch die acht Abteilungsleiter der Firma empfinden das Modell zunehmend als Beeinträchtigung ihrer Vorgesetztenfunktion und sagen, das Modell behindere die effiziente Arbeit.

Die beiden Geschäftsführer möchten, dass Sie mit ihnen und den acht Abteilungsleitern ein zweitägiges Seminar abhalten, in dem die Schwierigkeiten mit dem praktizierten Mitbestimmungsmodell erörtert und neue Lösungswege entwickelt werden.

1. *Nehmen Sie den Auftrag an?*
   Wie stellen Sie sich bei diesem Kenntnisstand Ihre nächsten Schritte vor?
   Was schlagen Sie den beiden Herren vor?

Sie haben Ihre grundsätzliche Bereitschaft erklärt, das Seminar zu leiten. Zuvor wollen Sie aber das Buch über das Mitbestimmungsmodell lesen, die Firma besichtigen und die Abteilungsleiter selbst nach ihrer Bereitschaft zu

Teilnahme am und ihren Wünschen zum Seminar befragen. Diese wollen ihrerseits erst über das Seminar entscheiden, wenn sie Sie kennengelernt haben und sich von der Zusammenarbeit mit Ihnen etwas versprechen. Vorerst schwebt Ihnen vor, das Seminar im Stil der themenzentrierten Interaktion zu leiten, vielleicht mit dem Titel "Was macht das Mitbestimmungsmodell mit mir, was mache ich mit ihm?"

Sie lesen das Buch und besichtigen die Firma. Im Gespräch mit den Abteilungsleitern sagen diese: "Keine Psycho-Spiele. Nehmen Sie uns ordentlich ran. Kein Vorgeplänkel über Erwartungen und Befürchtungen. Haben wir alles schon gehabt. Das Seminar muss was für die Arbeit bringen, sonst bleiben wir besser in der Firma. Es ist ohnehin schwer genug, sich für zwei Tage von allem loszumachen. Die Kunden warten nicht, die gehen zur Konkurrenz!"

Sie selbst weisen darauf hin, dass die Entscheidung hinsichtlich des Seminars bei den Abteilungsleitern liegt und dass diese Sie benachrichtigen sollen, wenn sie sich entschieden haben.

2. *Ändert sich durch das Gespräch mit den Abteilungsleitern Ihre Planung des Seminars?*
   Wenn ja, in welche Richtung?

2. Kontrakt

Einige Tage später begegnen Sie Herrn Meier in einem anderen Seminar, zu dem er sich bei Ihnen angemeldet hat, aus Interesse an der Fragestellung und an Ihrer Person, wie er angibt.

Wie dies in solchen Seminaren oft geschieht, duzen sich alle, und Sie selbst schliessen sich nicht davon aus. Am Ende des Seminars sagt Herr Meier zu Ihnen: "Du bist ja wirklich gut. Ich werde meinen Abteilungsleitern sagen, dass sie sich für das Seminar bei Dir entscheiden sollen. Sicher wird es sehr lustig, wenn wir beide uns in unserem Firmenseminar duzen". Sie lachen etwas gequält.

Ein paar Tage später erhalten Sie von der Firma die schriftliche Bestätigung, dass die Abteilungsleiter sich bereiterklärt haben, an dem Seminar unter Ihrer Leitung teilzunehmen.

Ein paar Tage später treffen Sie einige Fachkollegen und haben Gelegenheit, diesen von dem bevorstehenden Seminar zu erzählen. Sie ergreifen die Gelegenheit, sich von kompetenter Seite beraten zu lassen, wo in dem Seminar die Fallstricke liegen werden und worauf Sie besonders zu achten haben.

  3. *Was fragen Sie Ihre Kollegen im einzelnen?*

Die Kollegen raten Ihnen folgendes:

- Kläre erst mal, was die Abteilungsleiter sich von dem Seminar versprechen
- Welche Widerstände sind in dem Seminar zu erwarten?
- In welchen Entwicklungsabschnitt der Firma wirst Du hinein eingeladen?
- Holt der Chef Dich zur Hilfe für sich?
- Vorsicht davor, gute Diagnosen zu machen, mit denen Deine Vorgänger als Berater in der Firma auch schon nicht durchgedrungen sind!
- Vorsicht vor der Schattenseite der Organisation!
- Keine Scheu vor dem Tabuthema 'Demokratisierung'!
- Du musst Dich nicht selbst zum Erfolg zwingen!

  4. *Wie planen Sie jetzt den Ablauf des Seminars?*
    Wie soll speziell die erste Sitzung aussehen, die nach einem gemeinsamen Abendessen beginnt?

3. Problemdiagnose und Arbeitsinteressen

Sie haben sich entschlossen, sich die Möglichkeiten der themenzentrierten Interaktion zur Verfügung zu halten, aber einen stärker strukturierenden Einstieg zu wählen.

Als nach dem Abendessen alle versammelt sind, schlagen Sie vor, dass jeder Teilnehmer mit einem dicken Filzstift auf eine namentlich gekennzeichnete Karteikarte ein Thema schreibt, von dem er denkt, dass es im Laufe der zwei Tage auf jeden Fall zur Sprache kommen soll. Darüber sind alle verblüfft. Ein Teilnehmer sagt: "Schreiben Sie denn selbst auch ein Thema auf, oder wollen Sie sich da raushalten?" Herr Neuhaus sagt: "Ich kann gar nichts aufschreiben, alle Themen hängen doch irgendwie miteinander zusammen."

5. *Was tun Sie jetzt?*

Sie antworten dem Abteilungsleiter: "Doch, ich schreibe auch eine Karte, ich habe ja auch ein Thema, von dem ich möchte, dass es hier besprochen wird." Sie nehmen eine Karte und einen Filzstift in die Hand, um Ihre Worte zu unterstreichen.

Zu Herrn Neuhaus sagen Sie: "Das macht nichts, dann geben Sie doch eine leere Karte ab." Daraufhin macht er sich daran, ein Thema zu formulieren.

Nach 10 Minuten hat jeder Teilnehmer eine Karte beschrieben. Die Karten werden an eine Pinnwand geheftet. Folgendes ist aufgeschrieben worden:

- Mitbestimmung hat keinen Sinn. Die machen doch, was sie wollen.
- Mitbestimmung = Selbstbestimmung? Mitbestimmung = Mitwirken? Mitbestimmung = Mitentscheiden?
- Preiskalkulation Werkstatt - Lager
- Wie kriegen wir den Wirtschaftsausschuss (ein einmal wöchentlich tagendes Gremium, das die jeweils neuesten Wirtschaftsdaten der Firma analysiert und über Preise und Investitionen entscheidet) zu dem, was er sein soll?
- Führungs- und Wirtschaftsausschuss-Sitzungen
- Was würde in unserem Betrieb anders sein, gäbe es dort die Mitbestimmung nicht?
- Mitbestimmung ohne Mitverantwortung? Grenzen und deren Auswirkung.
- Schwarze Zahlen im Kundendienst möglich? Wie, warum?
- Schwarze Zahlen im Kundendienst - Wie überzeuge ich unsere Mitarbeiter von der unbedingten Notwendigkeit?
- Ich möchte, dass die Kollegen eine klare Vorstellung davon bekommen, wie Mitbestimmung bei uns gedacht ist, und dass sie einen Weg finden, angstfrei damit umzugehen. (Herr Meier, der 1. Geschäftsführer)

- Wie es nach dem Seminar weitergeht mit Abteilungsleiterseminaren und Abteilungsleitertreffen. (Herr Neuhaus, 2. Geschäftsführer)

- Meine Fähigkeit, in diesem altgedienten Team einen sinnvollen, nützlichen Platz einzunehmen. (Meine Karteikarte)

6. *Was tun Sie jetzt?*

Sie schlagen vor, dass jeder der Anwesenden seine Karte kurz erläutert. Das wird auch getan. Die Herren, die die Zettel geschrieben haben "Preiskalkulation Werkstatt - Lager", "Schwarze Zahlen im Kundendienst möglich? Wie, warum?", "Schwarze Zahlen im Kundendienst - Wie überzeuge ich unsere Mitarbeiter von der unbedingten Notwendigkeit?" äussern sich etwas verlegen, sie hätten die Aufgabe wohl nicht verstanden. Man könne ja sehen, dass das, was sie aufgeschrieben hätten, nicht hierher gehöre.

7. *Was antworten Sie darauf?*
Was tun Sie als nächstes?

Sie haben geantwortet: "Jede Karte und jedes Thema, das Sie aufgeschrieben haben, gehört in dieses Seminar. Denn wir alle sind ja das Seminar". Mittlerweile ist Herr Neuhaus aufgestanden und hat die Karten an der Pinnwand neu gruppiert.

Es haben sich dabei drei Themenschwerpunkte gezeigt:

1. Preiskalkulation Werkstatt und Lager
2. Sinn und Unsinn des Mitbestimmungsmodells
3. Zukunft der Abteilungsleiter - Zusammenarbeit

Diese Gruppierung können Sie gut mitvollziehen. Auch aus der Runde erkennen Sie viel Zustimmung. Hier soll die Fallskizze vorerst enden.

4. Weiterer Verlauf

Die ausführliche Beschäftigung mit den Sorgen und Gesprächswünschen der Abteilungsleiter erweist sich für die weitere Arbeit als sehr hilfreich. Wir konnten im Laufe der zwei Tage auf einer Reihe von Gebieten Klärungen und Entscheidungen herbeiführen:

1. Die Arbeit des Wirtschaftsausschusses wird, was die Rolle seines Vorsitzenden und die Verfügbarkeit der Planungsdaten angeht, gestrafft.

2. Der Fraktionszwang der Abteilungsleiter gegenüber den Mitarbeiter-Vertretern bei Sitzungen des Wirtschaftsausschusses wird aufgehoben.

3. Stärken und Unzulänglichkeiten des Mitbestimmungsmodells werden ausführlich diskutiert. Mehrere Abteilungsleiter bekennen sich offen zu ihrer diesbezüglichen Skepsis und berichten von Situationen, in denen das Modell ihren Vorstellungen von der zu leistenden Arbeit im Wege stand. Am Ende scheinen Zustimmung zu dem und Identifikation mit dem Modell grösser als zuvor.

4. Es entwickelt sich ein Bewusstsein dafür, dass die Abteilungsleiter selbst eine Gruppe sind und von den Rechten der Gruppen, ihre eigenen Interessen institutionell zur Geltung zu bringen, mehr als bisher Gebrauch machen könnten.

5. Lager und Werkstatt liegen wegen der firmeninternen Rentabilitätsberechnung, bei der die Werkstatt sich benachteiligt sieht, seit vielen Jahren über Kreuz. Im Seminar beschliessen Lagerleiter und Werkstattleiter - vorbehaltlich der Zustimmung durch ihre jeweiligen Mitarbeiter - diesen Berechnungen in Zukunft einen etwas anderen Schlüssel zur Bewertung einzelner Leistungen zugrundezulegen. Für das Lager ergibt sich daraus numerisch ein Nachteil. Aber beide Vorgesetzte äussern, dass die neue Regelung für mehr Gerechtigkeit sorgen und die Animositäten zwischen den Abteilungen abzubauen helfen wird.

Nachdem diese Themen behandelt worden sind, neigt sich das Seminar seinem Ende zu. Ich bitte die Gruppe um ein Feedback.

Die Abteilungsleiter betonen die Nützlichkeit der Auseinandersetzung mit dem Mitbestimmungsmodell, die Praxisnähe der Gespräche und die Behutsamkeit der Moderation. Für das kommende Jahr vereinbaren wir ein dreitägiges Seminar der Abteilungsleiter nach dem Muster der hier dargestellten Zusammenkunft. Ferner soll im Zweimonats-Rythmus eine eintägige Sitzung unter meiner Leitung stattfinden.

5. Nachfolgende Etappen der Moderation

Die weitere Zusammenarbeit mit der Firma gestaltete sich herausfordernd und angenehm. Die Moderation in der Gruppe der Abteilungsleiter setzte sich über mehrere Jahre hinweg fort. Weitere Aufgaben kamen hinzu:

Anlässlich einer Befragung der Mitarbeiter über ihre Meinung zu dem Mitbestimmungsmodell führte ich mehrere Gruppeninterviews mit Lehrlingen der Firma durch.

Der Bildungsausschuss der Firma bat mich regelmässig, an seinen Sitzungen teilzunehmen, und ich ging bei verschiedenen Gelegenheiten darauf ein.

Einen Abteilungsleiter, der sich mir als Klient vorstellte, konnte ich in einer beruflichen Sackgasse beraten. Die beiden Geschäftsführer suchten mich zu einem Gespräch über eine weitreichende bevorstehende Personalentscheidung auf.

Verkauf und Verkaufsverwaltung haben strukturell entgegengesetzte Interessen und gerieten dabei verständlicherweise oft in Konflikte. Ein eintägiges Konfrontationstreffen zwischen diesen beiden Abteilungen führte dazu, dass einige Missverständnisse ausgeräumt, gute Vorsätze gefasst und einige zweckmässige Vereinbarungen getroffen werden konnten. Die Stellung derjenigen Personen in beiden Abteilungen, die weniger als andere an Polarisierungen beteiligt waren und eine vermittelnde, integrative Funktion zu übernehmen imstande waren, konnte gestärkt werden.

Die Zusammenarbeit mit der Firma kam nach vier Jahren zum Abschluss, als ich anlässlich eines bevorstehenden Forschungssemesters alle Moderationsaufgaben beendete.

6. Rollenwandel des Moderators / der Moderatorin

Anfänglich wird der neue Moderator wohl stets mit einer gewissen Mischung aus Neugier und Skepsis betrachtet. Aus irgendwelchen Gründen ist es notwendig geworden, ihn neu, anstelle eines anderen oder zusätzlich zu dem bereits bestehenden Moderatorenstamm heranzuziehen. Vielleicht ist er empfohlen worden auf Grund besonderer Fähigkeiten, über die er angeblich verfügt. So mag sich manche Hoffnung auf ihn richten. Aber andererseits hat das Team schon mehrere Moderatoren gehabt, ist von ihnen verlassen worden oder hat sich von ihnen getrennt, hat also Bedauern und Erleichterung erlebt und bindet sich daher auch an den neuen Moderator nur begrenzt. Vorsicht vor allzu engen Bindungen ist in diesem Metier geboten. Jedenfalls darf über den enger und vertrauensvoller werdenden Beziehungen zu einigen der Abteilungsleiter und den Geschäftsführern der Arbeitscharakter des Kontrakts nicht in Vergessenheit geraten. Ich erbringe für das Team eine Dienstleistung und werde daran gemessen, ob mir dies gelingt.

Rasch stellt sich eine gewisse Vertrautheit ein. Ich muss mich nicht mehr durchfragen, sondern steuere zielstrebig auf das Zimmer der Geschäftsführer zu. Mit manchen Mitarbeitern wechsele ich im Vorübergehen ein paar Worte. Einige Gesichter ausserhalb der Abteilungsleiterrunde erkenne ich wieder. Ich beginne, mich bei den Aufenthalten wohlzufühlen und die Firma als 'meine' Firma zu betrachten. Manchmal werde ich ein wenig verlegen, wenn Mitarbeiter entdecken, dass ich ein Auto einer anderen Marke als der Firmenmarke fahre.

Nachdem die erste Arbeitssequenz mit den Abteilungsleitern auf Zustimmung gestossen ist und die weiteren Sitzungen zufriedenstellend verlaufen sind, lassen Skepsis und Neugier nach. Man beginnt, zu wissen, was man an mir hat und was nicht. Das anfängliche vorsichtige wechselseitige Sich-Abtasten ist nun abgeschlossen. Die Sitzungen verlaufen nach einiger Zeit in sicherer geübter Routine: keine grossen Überraschungen, aber effiziente Arbeit.

Die Übertragung weiterer Aufgaben erfolgt nun mit einer gewissen Logik und Selbstverständlichkeit. Wenn ein Problem entsteht, für das nicht gleich eine Lösung greifbar ist und das in mein Ressort fallen könnte, meldet sich jemand von den Abteilungsleitern und sagt: "Wir könnten doch Herrn F. fragen, ob er das für uns macht."Der Vorschlag wird dann meist mit Erleichterung aufgenommen: Man hat mit der Sache hoffentlich nichts mehr zu tun, und Herr F. wird es schon machen. Diesen Vorschlägen liegt weniger eine genaue Kenntnis meiner spezifischen Fähigkeiten zur Lösung der jeweiligen Aufgabe zugrunde als eine gewisse Wertschätzung der Moderationsarbeit, die ich mit den Abteilungsleitern selbst gemacht habe und die nun wohlwollend auf andere Aufgabenkontexte übertragen wird.

Je länger ich für die Firma in verschiedenen Kontexten arbeite und je besser ich die Abläufe kennenlerne, desto mehr muss ich mir zwei Gefahren vor Augen halten:

1. Es liegt nahe, dass der Moderator sich immer mehr die firmeninternen Problemlösungen zu eigen macht und seiner Rolle als externer Berater, der die Blinden Flecken der Institution vermeiden kann, nicht mehr genügend gerecht wird.
2. Die Zusammenarbeit mit einigen Abteilungen der Firma wird zwangsläufig enger sein als die mit anderen. Dabei wird es nicht leichtfallen, sich eine Haltung allseitiger Parteilichkeit zu bewahren.

Wenn dem Moderator neue Aufgaben übertragen werden, wird in der Institution in der Regel nicht darüber nachgedacht, ob diese mit den bisherigen vereinbar sind, ihn in Konflikte bringen, ihn überfordern oder seine Glaubwürdigkeit für einen Teil der Belegschaft gefährden. Der Moderator muss also selbst prüfen, wie weit er hier Spielraum hat, ob er verschlissen wird oder die verschiedenen Aufgaben widerspruchsarm ausführen kann.

Was schützt angesichts dieser durch die beauftragende Institution kaum reflektierten Überforderungsgefahr den Moderator vor *falscher* Auftragsübernahme und inadäquater Ausführung? Es sind hier individuelle, methodische und materielle Gesichtspunkte zu bedenken.

1. *Diversifikation des Auftragsvolumens:* Wenn der Moderator der Versuchung widersteht, sich für *eine* Firma unentbehrlich zu machen, und stattdessen mit *vielen* Firmen kooperiert, so fällt es ihm leichter, eine weitere Beauftragung, z.B. auf einem Gebiet, wo seine Zeit oder Kompetenz nicht reichen, abzulehnen. Gleichzeitig bewahrt er sich dabei die Chance, in den verschiedenen Arbeitskontexten selbst Lernender zu bleiben; denn allerorten werden gute und beherzigenswerte Problemlösungen gefunden.

2. *Bejahung der eigenen Grenzen:* Es ist dabei von Vorteil, wenn der Moderator sich Klarheit darüber verschafft, was er gut kann und was er nicht kann. Wohl sind neue Aufgaben bisweilen auch Herausforderungen, an denen der Neuling wächst und für die er Lösungen findet, die den sog. 'Alten Hasen' nicht mehr in den Sinn kommen. Aber zu einem

klaren Angebotsprofil des Moderators gehört auch, dass er sich von manchen Aufgaben und Vorgehensweisen distanziert. Wer alles kann, kann oft nichts wirklich gut.

3. *Kontrolle von Übertragung und Gegenübertragung:* Es fällt vielen Personen und vielen Teams leicht, den Moderator an dem Punkt anzusprechen und zu verführen, wo er empfindlich, eitel, unabgegrenzt, dogmatisch oder überidentifiziert reagiert. Nicht nur in der Psychotherapie, sondern auch in der Moderation ist also die eigene innere Resonanz auf die Vorgänge als wichtigstes Arbeitsmittel zu betrachten.

4. *Metakommunikation:* Es hat sich bewährt, während jeder Moderationssequenz ab und zu die Ebene zu wechseln und zusammen mit den Teilnehmern des Gesprächs die gemeinsame Arbeit zu betrachten, die gerade geleistet wird. In der Psychotherapie ist dies seit Fritz Künkel unter dem Begriff 'Analyse der Analyse' bekannt: Therapeut und Patient besprechen in bestimmten Abständen Arbeitsweise und Fortschritte - beide Experten auf dem Gebiet *dieser* einen Therapie. So können auch zwischen Moderator und Klientensystem, also zwischen den Experten für dieses gegenwärtige Problem und Gespräch, rasch Korrektur und Feinabstimmung erfolgen - wenn denn dieses gemeinsame Expertenwissen zur Reflexion des Moderationsprozesses genutzt wird.

5. *Supervision:* Nahezu jedem Moderator tut Supervision gut. Sie findet unter erfahrenen Kollegen oft informell und situativ bei Bedarf statt. Sie dient nicht nur der Klärung von Arbeitsvorgängen und Interventionen, sondern auch der seelischen Gesundheit des Moderators.

6. *Glaubwürdigkeit:* Der Moderator pflegt in der Regel viele Kontakte und hört, ob er es will oder nicht, vielerlei über einzelne Mitarbeiter der Firma. Unweigerlich wird oft über Abwesende gesprochen und nicht immer in für diese vorteilhafter Weise. Der Moderator könnte hier wohlfeilen Beifall finden, wenn er einer Kritik an Abwesenden beipflichtet und derart lancierten Schuldzuschreibungen hinsichtlich der Verursachung von Firmenproblemen seine Zustimmung gibt. Aber gleichzeitig wird er scharf beobachtet, und wer ihn so mit Teilinformationen füttert, mag sich gleichzeitig Gedanken darüber machen, wie in seiner eigenen Abwesenheit über *ihn* gesprochen wird.

Ich bemühe mich in solchen Momenten, nur das zu sagen, was ich auch in Gegenwart der Abwesenden genauso aussprechen könnte.

7. *Prozessorientierung:* Viele widerstreitende Anforderungen verlieren einen Teil ihrer Brisanz, wenn der Moderator alle seine Begegnungen und Gespräche als Teile eines Gesamtprozesses begreift und so die einzelnen Impulse, die er gibt, als abgestimmtes Ganzes versteht. Er wird dabei nicht von Zweifeln und Kritik verschont bleiben. Aber er kann dann doch den Bezugspunkt, der allem seinem Handeln zugrundeliegt, sichtbar und verständlich machen.

7. Schlussbemerkung

Ich habe in dieser Darstellung den Arbeitsbeginn und einige weitere Aufgaben beschrieben, die ich einmal in einer Institution als Moderator übernommen habe. Das geht, wie man sieht, nicht ohne Reibungsverluste ab. Ich habe mir angewöhnt, dabei nicht an 'Rollenwidersprüche' zu denken. Denn wir wissen: Rollenwidersprüche lösen sich erst in einer utopischen Gesellschaft auf, während sie in unserem Lebensalltag oft unlösbar scheinen. Stattdessen betrachte ich solche Divergenzen als Rollenspannungen. Rollenspannungen erleben wir ja in allen Lebensbereichen. Ihnen wohnt eine Kraft inne, die zur Lösung drängt. Wenn wir es uns gestatten, sie eine Zeit lang zu ertragen, so entdecken wir in ihnen oft einen Entwicklungsimpuls, der auch vor uns selbst und unseren eigenen Rollenspannungen nicht halt macht und von unseren eigenen Sehnsüchten nach Ganzheit und Integration produktiv angetrieben wird.

Literaturverzeichnis

Fengler, J. (1987) Von der Einzelberatung zur Systemberatung. In: Zeitschrift für Organisationsentwicklung, 29 - 37.

Fengler, J. (1988) Einzeltherapie und OE-Beratung - Ein Vergleich. In: Gesellschaft für Wissenschaftliche Gesprächspsychotherapie (Hg.) Orientierung an der Person. Köln. 207 - 226.

Andreas Pieper

Teamentwicklung und Moderation als Führungsaufgaben

Im Führungsprozess erfolgt Kommunikation zwischen Vorgesetzten und Mitarbeitern nicht nur im Einzelkontakt. Ansprech- und Kooperationspartner ist oft eine Gruppe, die in ihrer Gesamtheit mehr ist als die Summe ihrer einzelnen Mitglieder, und folglich aufgrund von gruppendynamischen Phänomenen oder gruppentypischen Entwicklungsmerkmalen besondere Anforderungen an Führungsverständnis und Führungsverhalten im Alltag stellt.

Die Frage "Wie steuere ich, wie beeinflusse ich, wie motiviere ich die *Gruppe* meiner Mitarbeiter, meiner Teammitglieder, meiner Projektmitarbeiter - kurzum: *Wie führe ich mein Team?*" macht vielen Vorgesetzten mehr Kopfzerbrechen als die Bewältigung von Einzelgesprächen.

Die folgenden Überlegungen und Hinweise sollen Vorgesetzte für das Thema "Gruppenführung" sensibilisieren und praktische Handlungshilfen zur Verfügung stellen. Die gezielte Entwicklung leistungsfähiger Teams sowie die Moderation von Gruppensituationen werden dabei als besondere Führungsaufgaben charakterisiert.

In leadership processes communication between superiors and their subordinates does not only occur on a one-to-one basis. Often the partner in the communication process is a group, which in its totality is greater than the sum of its individuals, and which therefore makes specific demands on leadership skills and leadership behaviour as a result of group dynamic phenomena or group development characteristics.

For many superiors the question "How do I direct, how do I influence, how do I motivate the group consisting of my staff, the members of my team, the people working on my project - in brief: how do I run my team?" is more difficult to answer than coping with encounters on the individual level.

The following discussion and suggestions are intended to make managers aware of the problems involved in leading groups and to offer practical ways of dealing with these problems. The ability to set up successful teams and moderate ciritical situations is shown to be an essential component of leadership skills.

1. Ein neues Bild von Führung?

Immer mehr Anzeichen sprechen dafür, dass traditionelle Vorstellungen von Führung bei uns seit einiger Zeit einen tiefgreifenden Wandel erleben. Das Bild des patriarchalischen Autokraten, der Gruppenzusammenkünfte als "Befehlsausgabe" versteht, verblasst ebenso wie das des einsamen Schachspielers, der losgekoppelt von jeglichem alltäglichen Kontakt zu seinen Mitarbeitern einsame Entscheidungen trifft und Kommunikation bestenfalls unter Auflösung der Gruppe in Einzelkontakten im Chefzimmer stattfinden lässt (Divide et impera-Prinzip!).

Das Bild des "neuen" Vorgesetzten ist demgegenüber durch eine fundierte Kommunikations- und Kooperationsbefähigung gekennzeichnet. Längst ist die schon Mitte der 80er Jahre von deutschen Personalberatern und Personal- und Weiterbildungschefs formulierte Einschätzung, nach der als die herausragende Managementqualität der Zukunft eine ausgeprägte Sozialkompetenz der Vorgesetzten zu betrachten ist (Management Wissen, 1986), in vielen Unternehmen bestätigt worden. Leider oft erst durch die schmerzliche Erfahrung, dass sicher geglaubte Erfolgspositionen mehr aufgrund sozial-kommunikativer Führungsdefizite verloren gingen, als aufgrund fachlich-technischer oder innovativer Rückständigkeit.

Als eine Schlüsselqualifikation der Zukunft ist immer wieder die Teambefähigung genannt worden, hier verstanden als die Fähigkeit, Teamarbeit anzuregen, zielorientiert zu steuern und zur Motivation der Teammitglieder zu nutzen.

So bekommt das Spektrum der Führungsaufgaben für den "neuen" Vorgesetzten deutlich gruppenbezogene Akzente: Führen von Gruppen bedeutet demnach,

- sich als Entwickler und Moderator des eigenen Teams zu verstehen
- über die dafür nötigen sozialen/kommunikativen Kompetenzen zu verfügen (oder sich darum aktiv zu bemühen)
- Transparenz und Partizipation bezüglich der gemeinsam betreffenden Angelegenheiten zu ermöglichen
- sein Rollenverständnis sichtbar zu machen und darüber metakommunikative Auseinandersetzung zuzulassen
- den Menschen nicht hinter der Rolle zu verbergen, sondern persönlich greifbar zu bleiben
- kein "Softy" zu sein, sondern durch Gradlinigkeit und Klarheit auch als konfrontativer Typ in Erscheinung zu treten

- nicht die "klassischen Aufgaben" des Vorgesetzten (z.B. Planen, Strukturieren, Koordinieren, Delegieren etc.) zu vernachlässigen.

2. Warum Teamarbeit?

Teamarbeit hat in den letzten Jahren erheblich zugenommen. Der "Einzelkämpfer" ist auf dem Rückzug. Schon vor einiger Zeit wiesen Grundwald und Redel (1986) darauf hin, dass Führungskräfte etwa 10 bis 60 Prozent ihrer Arbeitszeit (durchschnittlich 30 %) in Teams verbringen. Die Ursachen für diese Entwicklung sind vielfältig: exponentielles Wachstum des Wissens, zunehmende Spezialisierung, zunehmende Umwelt-/ Aufgabenkomplexität und -dynamik, verschärfter Wettbewerb, rapider technologischer Wandel, struktureller Wandel der Industriegesellschaft zu einer Dienstleistungs- und Informationsgesellschaft u.a.m.

Bei angemessener interner Gestaltung von Teams lassen sich nach Grunwald und Redel (1986) u.a. folgende Vorteile erreichen:

- Kommunikationsbeziehungen werden zeitlich und räumlich "kurzgeschlossen"
- Die Nähe der beteiligten Personen ermöglicht eine direkte Nutzung von "Vor-Ort"-Informationen und Expertenwissen
- Der gemeinsame Willensbildungsprozess fördert die Akzeptanz von Entscheidungen und die Qualität der Ausführung
- Partizipationserwartungen können befriedigt werden, wodurch sich die Arbeitszufriedenheit erhöht
- Verkürzung langer hierarchischer Entscheidungswege.

Teamarbeit ist kein Allheilmittel. Es gibt Bereiche im Unternehmen, in denen von Teamarbeit keine Rede ist und auch nicht sein sollte. Es dominiert hier die individuelle Arbeitsleistung des oder der einzelnen, zwar möglicherweise im kollegialen Verbund erbracht, aber in ihrer Qualität eindeutig geprägt durch die Anstrengung, die Fähigkeiten und Fertigkeiten sowie die Motivation einer jeweils einzelnen Person (z.B. Fahrbereitschaft, Zentrales Schreibbüro, Empfang u.a.m.)

Die Mehrzahl der Arbeitsbereiche im Unternehmen ist jedoch anders charakterisiert: Ergebnisse entstehen erst durch das Zusammenwirken der Arbeitsleistungen mehrerer Beteiligter. In dem Masse, in dem hochkomplexe Anforderungen ein immer raffinierteres Zusammenspiel hochklassiger Einzelbeiträge erforderlich machen, wird die qualifizierte Gemeinschaftsleistung unverzichtbar für den unternehmerischen Erfolg. Nur wenn es gelingt, die Qualität individueller Potentiale auf einer höheren Ebene zu bündeln und in einem koordinierten Wechselspiel wirksam werden zu lassen, ist in vielen Bereichen Erfolg bzw. das Erreichen angestrebter Leistungsziele überhaupt erst möglich (z.B. Forschung/Entwicklung, Datenverarbeitung, Projektarbeit).

3. Was ist ein "Team"?

Team und Teamarbeit sind häufig verwendete Begriffe. Oft wird bereits eine blosse Gruppierung von Individuen als "Team" bezeichnet (z.B. das Lehrerkollegium einer Schule). Gebräuchlich ist auch die Benutzung des Begriffs "Teamarbeit" zur Kennzeichnung von unter zeit- und raumgleichen Rahmenbedingungen ablaufender Arbeit mehrerer Personen (z.B. Kundenbetreuung im Schalterraum einer Bankfiliale).

Um tatsächlich von einem "Team" sprechen zu können, müssen demgegenüber einige Mindestanforderungen gegeben sein, die in folgendem Definitionsversuch zum Ausdruck kommen sollen. Bei einem *Team* handelt es sich um:

- eine (nach den "Regeln der Kunst" geleitete) aktive Gruppe von Menschen,
- die sich einer gemeinsamen Zielsetzung verpflichtet sehen und zur Erfüllung einer gemeinsamen Aufgabe zusammenarbeiten,
- wobei die Gemeinschaftsleistung von höherer Qualität ist als dies durch blosse Addition der Einzelbeiträge möglich wäre,
- und bei der die Mitglieder infolge eines nach und nach entwickelten Zusammengehörigkeitsgefühls das Gesamtinteresse höher gewichten als ihre jeweiligen Einzelinteressen ("Teamgeist").

Hochleistungsfähige Teams sind darüber hinaus noch dadurch gekennzeichnet, dass die Zusammenarbeit weitgehend harmonisch verläuft und die beteiligten Teammitglieder unabhängig vom Grad der Arbeitsbelastung Freude an der Arbeit haben.

4. Was ist Teamentwicklung?

Teamentwicklung ist in erster Linie ein Veränderungs- und Wachstumsprozess: eine Gruppe von Individuen, zusammengeführt oder zusammengefügt mit der Orientierung auf ein gemeinsames Ziel oder eine gemeinsame

Aufgabe, erfährt eine Veränderung in ihrem Selbstverständnis und in ihrem überindividuellen Leistungsverhalten.

Anfänglich oft nur ein äusserlicher Zusammenschluss ohne feste Identität und ohne Bündelung vorhandener Kräfte und Ressourcen, "wächst" eine Gruppe (förderliche Rahmenbedingungen und geeignete Entwicklungsimpulse vorausgesetzt) im Verlauf einer bestimmten Entwicklungszeit erst zu einem leistungsstarken Team heran.

Dieser Entwicklungsprozess erfolgt nicht von selbst. Er benötigt Zeit, Energie, Verantwortlichkeit und immer wieder gezielte Massnahmen zur Festigung des erreichten Entwicklungsstandes bzw. zur Stimulierung weiteren Entwicklungsfortschritts.

Erfolgreiche Teamleiter tragen dieser Tatsache Rechnung, indem sie den Aufbau und die Pflege entwicklungsfördernder Bedingungen zu ihrer vorrangigen Aufgabe machen und sich dabei mehr auf die Steuerung des Teamentwicklungsprozesses als auf die Arbeitsinhalte im engeren Sinne konzentrieren. Ein solches Selbstverständnis fällt vielen Vorgesetzten schwer, weil sie ein Abrücken von der inhaltlich/fachlichen Steuerung der Gruppenarbeit als unvereinbar mit ihrer Ergebnisverantwortlichkeit erachten. Und doch liegt in der Verlagerung der Vorgesetztenaktivitäten - weg vom Fachlichen hin zum Überfachlich-Moderierenden - ein Schlüssel erfolgreicher Gruppenführung. Denn nur so gelingt es längerfristig, angesichts hoher Komplexität und Vernetzung fachlichen Know-hows unterschiedlichster Couleur wirkungsvolle Synergismen zu stiften und dabei zugleich die Motivation der Teammitglieder auf einem hohen Niveau zu halten.

5. Phasen der Teamentwicklung

Jede Gruppe durchläuft im Laufe ihrer "Lebensgeschichte" eine Folge von abgrenzbaren Entwicklungsphasen, die vom Teamleiter beachtet und gestaltet sein wollen. In Anlehnung an Grunwald und Redel (1986) lassen sie sich wie folgt charakterisieren:

5.1 Forming

bezeichnet die Anfangsphase, in der sich die Gruppe konstituiert und erstmalig ihre Aufgabe in Augenschein nimmt. Die Teamstruktur ist in dieser Phase durch hohe Unsicherheit gekennzeichnet. Alles ist neu, die Gruppenzukunft noch weitgehend unbestimmt. Die Mitglieder probieren aus, welches

Verhalten in der Situation akzeptabel ist und konzentrieren sich darauf, in erster Linie eine gute Figur zu machen.

Die Abhängigkeit der Gruppe von einem formellen Führer, der strukturiert, initiiert und entscheidet ist hoch. Für die Gruppe ist es wichtig, dass Teilaufgaben, Regeln und geeignete Arbeitsmethoden klar definiert werden.

5.2 Storming

Hat sich die Gruppe erst einmal etabliert, folgt eine Phase von Turbulenz und kritischem Aufbegehren. Konflikte zwischen Untergruppen brechen auf, Meinungen polarisieren sich, Konkurrenz zwischen den Mitgliedern wird deutlich, Macht- und Statusambitionen treten offen zutage. In der Gruppe wird um die Hackordnung gerungen.

In dieser Phase lehnt das Team formelle Kontrolle ab und opponiert deutlich gegen die Leitung. Die Aufgabenanforderungen werden emotional abgelehnt.

5.3 Norming

In dieser Phase einigt sich das Team auf seine Spielregeln und etabliert Teamnormen und Formen gegenseitiger Unterstützung. Wir-Gefühl und Zusammenhalt im Team bilden sich aus. Widerstand gegen die Führungsautorität und interpersonelle Konflikte werden abgebaut bzw. bereinigt.

Das Aufgabenverhalten ist durch offenen Austausch von Meinungen und Gefühlen gekennzeichnet. Kooperation entsteht.

5.4 Performing

Die Teamstruktur ist jetzt funktional zur Aufgabenerfüllung. Interpersonelle Probleme sind gelöst oder weitgehend entschärft. Das Rollenverhalten im Team ist flexibel und funktional. Die Aufgabenbearbeitung erfolgt konstruktiv, Problemlösungen tauchen auf. Die Energie des Teams wird ganz der Aufgabe gewidmet (Hauptarbeitsphase). Die durch den amerikanischen Sozialpsychologen Tuckman (1965) geprägten Phasen *Forming, Storming, Norming, Performing* beschreiben modellhaft einen Grundablauf, wie er mehr oder weniger intensiv in allen sich neu bildenden Gruppen auftritt. Ob neu zusammengesetzte Schulklassen, ob Seminargruppen, ob Arbeitsteams oder Projektgruppen, überall zeigt sich ein phasenstrukturierter Verlauf zunehmender Kohäsion und wachsender Leistungsfähigkeit als Gruppe.

Teams durchlaufen die beschriebene Sequenz häufig mehrfach. Auch wenn auf der Makroebene der groben Entwicklungsschritte ein Team die Performingphase (möglicherweise schnell) erreicht hat, ist es auf der Mikroebene einzelner Problemlösungen, Entscheidungsprozesse und Aufgabenbewältigungen oft erneut der Phasenstruktur (gewissermassen in "kleinem Massstab") ausgesetzt.

Die Phasen *Forming, Storming, Norming, Performing* beschreiben den Prozess der Teamentwicklung in idealtypischer Weise. Natürlich zeigen sich in der Praxis zwischen den Entwicklungsphasen fliessende Übergänge, Überlappungen, wechselseitige Einflussbeziehungen und unterschiedliche Schwerpunkte. Auch zeigt sich, dass einzelne Phasen übersprungen werden oder nur sehr schwach ausgeprägt sind. Oft allerdings folgt auf einen solchen phasenuntypischen Entwicklungsverlauf, bei dem beispielsweise *Performing* "aus dem Stand" gegeben zu sein scheint oder doch sehr schnell erreicht wird, später ein deutlicher "Rückfall" in eine oder mehrere der übersprungenen Phasen mit meistens deutlich leistungshemmenden Folgen für das Team.

Viele Teams erreichen im Verlauf ihres Gruppenlebens gar nicht erst die Performing-Stufe, sondern verzehren ihre Energie in der Storming- und Norming-Phase. Dieses muss nicht bedeuten, dass solche Teams leistungsmässig völlig inaktiv sind. Es wird im Gegenteil häufig ein beträchtliches Mass an Arbeit geleistet, allerdings hinsichtlich der Ergebnisqualität weit unter dem Optimum, zu dem das Team aufgrund seines Potentials fähig wäre.

Auf der anderen Seite können hochleistungsfähige Teams den Performing-Status auch nicht zeitlich unbegrenzt aufrechterhalten. Den beschriebenen Wachstums- und Entwicklungsphasen folgen daher natürliche Phasen der Stagnation, Degeneration und Auflösung, die rechtzeitige Erneuerungsprozesse auf der personellen und/oder Aufgabenseite erforderlich machen. Speziell zu Stagnations- und Auflösungsphasen in der Teamentwicklung finden sich nähere Hinweise bei Langmaak und Braune-Krickau (1987) sowie bei Rosen (1989).

6. Gestaltung und Beeinflussung von Teamentwicklung

Das zuvor beschriebene Phasenmodell der Teamentwicklung hat Konsequenzen für die Führung und Steuerung von Teams. Je nach Entwicklungsstand sind nämlich besondere und jeweils andere Impulse, Hilfen und Bewältigungsformen geboten. Voraussetzung für deren adäquaten Einsatz durch den Teamleiter ist allerdings eine zutreffende Diagnose des jeweiligen Teamentwicklungsstandes. Keine leichte Aufgabe vor allem für Vorgesetzte, die schon bestehende Gruppen übernehmen und hinsichtlich der bisherigen Entwicklungsgeschichte erst einmal im Dunkeln tappen.

Was nun kann und soll jemand tun, berücksichtigen, bedenken, der die Entwicklung seines Teams "nach den Regeln der Kunst" betreiben möchte?

Nachfolgend einige psychologische Faustregeln zur Team-Leitung, die der Teamentwicklungspraxis entstammen:

6.1 Forming

Sorge dafür, dass jeder "seinen Platz" findet!

Jeder muss sich berücksichtigt, ernst genommen und wertgeschätzt fühlen können. Rede mit jedem Teammitglied im Einzelgespräch!

Fördere aber mehr noch Kontakt und Kommunikation der Teammitglieder untereinander. Kontakt kommt vor Kooperation, "Einschwören" geht vor Arbeiten!

Rolle die Historie auf: Wie ist das gelaufen, dass wir hier in dieser Formation zusammensitzen? Situationsklärung geht vor Sacharbeit! Wo steht jeder einzelne?

Anfangsängste sind erwartbar und verständlich! Nimm sie ernst! Ermutige das Negativ-Skeptische. Gib Besorgnissen, Widerständen und Zweifeln Raum. Maximal verstehen heisst nicht zugleich auch einverstanden sein. Sprich die "Wahrheit der Situation" nicht schönfärbend an!

Lass Dir Zeit beim Start! Falle nicht auf "Endlich anfangen!"-Tendenzen herein!

Teams brauchen Führung und Verantwortlichkeit. Zumindest ab fünf Personen auch einen festen Leiter. Gestalte in diesem Falle Deine Rolle als Doppelrolle: Teammitglied und Moderator (Geiger und Dirigent). Unterstütze am Anfang durch Struktur und Lenkung!

6.2 Storming

Keinen Schreck bekommen!

Krisen und Konflikte sind erwartbar - und wenn sie deutlich werden: ein gutes Zeichen der Teamentwicklung! Nicht anzetteln, aber "willkommen heissen", wenn sie da sind.

Unterschiede sind o.k. Lasse Kontroversen zu! Bremse Anti-Storming-Engelszungen ("Lasst uns wieder sachlich werden!", "Bitte nicht so empfindlich sein!" etc.)!

Es gibt keine unberechtigten Gefühle! Störungen haben Vorrang!

Bei Blockaden, Peinlichkeiten, "dicker Luft": fördere Metakommunikation, ermutige zu "persönlichen" Aussagen, "erlaube" die Selbstoffenbarungs- und die Beziehungsebene.

Initiiere bei schwerwiegenden Beziehungsstörungen ein Konfliktregelungsgespräch (mit eigenen Mitteln) oder eine Klärungshilfe (präventiv / kurativ) mit einem professionellen externen Klärungshelfer!

Sei wachsam und bleibe misstrauisch, wenn es nur harmonisch zugeht und überhaupt keine Storming-Tendenzen zu verzeichnen sind!

6.3 Norming

Sorge für Verabredungen, realistische Ziele!

Überprüfe die Klarheit von Auftrag, Aufgaben und Arbeitsstruktur!

Überprüfe, ob wirklich allen klar ist, was verabredet / verabschiedet wurde.

Rituale erleichtern das (Arbeits-)leben! Lasse sie zu, ermögliche aber auch ritualwidriges Vorgehen, wenn dem Team gelegentlich danach ist.

Lasse "Knack- und Juckepunkte" der bisherigen Zusammenarbeit auf den Tisch bringen und leite zur Problemlösung an. Überprüfe "anfällige" Bereiche (Schnittstellen, Vertretungen, Verhalten bei überraschenden Belastungen).

Schlage *Kommunikationsregeln* vor, die sich als förderlich zur Entwicklung eines leistungsfähigen Teams und zum Aufbau bzw. zur Festigung eines guten Teamgeistes bewährt haben:

- *Sprich per "ich"* (statt "wir alle", "jeder", "man"), d.h. vertrete Dich selbst in Deinen Aussagen - so wirst Du in Deiner Position erkennbar.
- *"Störungen haben Vorrang!"* - d.h. wenn jemand innerlich abgelenkt ist oder grundlegend nicht einverstanden ist mit dem, was gerade geschieht oder geschehen soll, dann soll er / sie seine / ihre "Störung" offenkundig machen, statt in die "innere Emigration" zu gehen.
- *Wenn Du eine Frage stellst,* gib an, was bei Dir der Hintergrund der Frage ist (z.B. "ich frage deshalb, weil ich das bisher anders praktiziert habe, und zwar folgendermassen..."). Auf diese Weise wirst Du als

Fragender / Fragende persönlich erkennbar - andernfalls werden Fragen oft als bedrohlich empfunden und lösen vorsichtige und defensive Reaktionen aus.
- *Sprich den Kollegen / die Kollegin direkt an,* statt über ihn / sie zu reden. Also nicht: "Ich weiss nicht, ob Herr Müller bei seinem Vorschlag bedacht hat...?", sondern: "Herr Müller, ich weiss nicht: Haben Sie bei Ihrem Vorschlag bedacht...?"
- *Nur eine(r) soll zur Zeit reden!* Seitengespräche sollen aber beachtet und ernstgenommen werden, denn die Seitensprecher sind häufig besonders engagiert an irgendeinem anderen Thema, oder aber überhaupt nicht (abgelenkt). Beides wäre wichtig zu erkunden.
- *Halte Dich zurück mit Diagnosen und Interpretationen!* ("Ich glaube, bei Ihnen liegt auch eine gewisse Eingleisigkeit im Denken vor..."), gib stattdessen Deine persönliche Reaktion zu erkennen (z.B. "In Ihrem Vorschlag sehe ich meinen vorhin geäusserten Wunsch überhaupt nicht berücksichtigt!").
- *Wenn Du Feedback erhältst,* lass es erstmal an Dich herankommen und höre nur zu (statt sofort mit Erklärungen, Rechtfertigungen oder Richtigstellungen zu reagieren).

Verwende solche Spielregeln / Normen nicht als Keulen, sondern als "Leitplanken". Hinterfrage Normen, die nicht eingehalten werden!

6.4 Performing

Betrachte die Moderation des Teamprozesses und der Aufgabenerledigung in der Gruppe als vorrangige Führungsaufgabe (evtl. delegierbar und rotierbar)!

Gib Impulse zur Themenarbeit. Kümmere Dich um methodische Optimierung der Teamarbeit unter Berücksichtigung des arbeitsmethodischen/-technischen state-of-the-art!

Vertrete Dein Team nach aussen und sichere kontinuierlich die Unterstützung des Senior-Managements!

Vertraue dem Team! Habe ein Auge und Ohr für persönliche Belastungen und Notsignale.

Bleibe wachsam für Rückschritte! Beachte die Möglichkeit eines plötzlichen Re-Stormings (besonders bei personellen Veränderungen, Wechsel der Aufgaben, unangenehmen Überraschungen und kräftezehrenden Durststrecken)!

Fördere regelmässige Teamstandort-Bestimmungen.

7. Team-Standortbestimmungen

Team-Standortbestimmungen erfordern den zeitweiligen Rückzug aus der Tagesarbeit (z.B. in Form einer Klausur) und können nach folgendem Plan ablaufen:

1. Schritt:
Individuelle Standortbestimmung der Teammitglieder: "Was gefällt mir, was stört mich an unserer Gruppe?"
2. Schritt:
Erstellen eines gemeinsamen "Gruppenbildes" durch Zusammentragen der individuellen Standortbestimmungen und Stärken-/Schwächen-Analyse.
3. Schritt:
Zielvereinbarungen im Team und individuell: "Was wollen wir erreichen? Wo liegen unsere Entwicklungsmöglichkeiten".
4. Schritt:
Planen von konkreten Schritten und Verabreden der Spielregeln: "Was unternehmen wir?" - "Wie arbeiten wir auf unsere Ziele hin?"

Indem das Team an diesen Fragen arbeitet, erlangt es Klarheit über den Standort der Gruppe und die weitere Zielperspektive. Gleichzeitig werden Zusammenhalt und Verständnis unter den Teammitgliedern gefördert.

8. Moderation als Führungsaufgabe

Moderation soll hier nicht in erster Linie als methodisches Repertoire der Sitzungsleitung verstanden werden, sondern in einem weiter gefassten Sinne als Kennzeichnung eines bestimmten Rollenverständnisses von Führung, das insbesondere bei der Führung von Teams, die sich auf der Performingstufe bewegen, als geboten erscheint.

Der Vorgesetzte richtet nach diesem Verständnis in seinem Führungsverhalten das Hauptaugenmerk auf die Steuerung des Teamarbeits*prozesses* und sieht sich erst in zweiter Linie als themen- oder inhaltsverantwortlich. Sein Part beim Erzielen möglichst hochklassiger Teamergebnisse besteht darin, die Gruppe in optimaler "Spielstärke" zu halten und das Spiel von aussen zu stimulieren, statt (um im Bild zu bleiben) selbst die Tore zu schiessen.

Diese Rolle kann deshalb relativ gefahrlos eingenommen werden, weil in "high-performing teams" die meisten der traditionellen Führungsaufgaben von der Gruppe selbst übernommen werden können.
Planung, Zielbildung, Koordination / Organisation, Kontrolle etc. gehören im Rahmen der Gruppenselbststeuerung zum Leistungsrepertoire des Teams.

Für den Teamleiter geht es hingegen mehr darum, das Team so zu führen, dass es zur Zielbildung und -erreichung fähig ist und bleibt. Und hier werden neue Führungsdimensionen wichtig: Anleitung zur wirkungsvollen Problemlösung, Methodentraining on-the-job, Moderation der Kommunikation und Interaktion zwischen den Teammitgliedern, Klärungshilfe in Konfliktsituationen, Prozessbeobachtung und Rückmeldung. Typische Herausforderungen, die Teamleitern in dieser Rolle begegnen, lassen sich in ihrer Gesamtheit zu *fünf Situationsklassen* bündeln, denen jeweils einige bewährte Handlungsprinzipien und Verhaltensleitlinien zugeordnet werden können. Bei den Situationsklassen handelt es sich um

1. Undeutliches Selbstverständnis (Autoritätskonflikte)
2. Strukturprobleme / thematische Unklarheit
3. Methodische Herausforderungen
4. Belastung / Störung des sozialen Klimas in der Gruppe
5. Ungünstige äussere Bedingungen.

Diesen Situationsklassen entsprechen *fünf Aufgaben- bzw. Handlungsfelder der Moderation,* die zugleich den groben Rahmen dessen bilden, was erfolgreiche Moderatoren an Befähigung aufweisen sollten.

9. Aufgaben- bzw. Handlungsfelder der Moderation

Die folgende Aufzählung könnte den Eindruck einer Rangreihe erwecken (Zunächst das Wichtigste, dann das Zweitwichtigste und so weiter). Auch könnte es so scheinen, als sollte eine Reihenfolgeempfehlung für die praktische Verwendung nahegelegt werden (Zunächst mache man das, dann das und schliesslich jenes!). Beides ist nicht beabsichtigt. Vielmehr sollen alle Aufgabenfelder als gleich wichtig und nötig erachtet werden. Und hinsichtlich ihrer zeitlichen Bedeutung muss davon ausgegangen werden, dass in manchen Situationen alle gleichzeitig zu berücksichtigen sind, in anderen wiederum nur das eine oder das andere.

Gute Moderatoren sind darauf eingestellt, jederzeit jede Befähigung aktivieren zu können, andererseits aber nach Massgabe der Situation, der beteiligten Personen und des thematischen Rahmens jeweils möglichst ein adäquates Verhalten zu zeigen.

Worauf kommt es nun aber an? Nachfolgend wiederum einige praxisbewährte Leitlinien und Empfehlungen zu jedem der Aufgabenfelder.

9.1 Moderationsrolle definieren und aufrecht erhalten
(schützt vor undeutlichem Selbstverständnis und Autoritätskonflikten)

Vielfach ist in einer Gruppensituation ungeklärt, ob jemand moderiert oder wer moderiert. Nimm also aktiv die Moderationsrolle ein und lasse dieses durch die Gruppe bestätigen!

Mache deutlich, dass an der Rolle neben den als angenehm erlebten unterstützenden und prozessförderlichen Aspekten auch einige "unbequeme" Konsequenzen für die Teilnehmer hängen (z.B. Redezeitbegrenzung, Diskussionsreihenfolge u.a.m.). Verabrede "Spielregeln".

Gehe Rivalitäten um die Moderation aus dem Wege und nutze hier Vorfeldklärung und Metakommunikation in der Situation (besonders wichtig, wenn höherrangige Führungskräfte während der Teamarbeit zugegen sind).

Wenn Du merkst, dass Du "schwimmst" und nicht mehr "Chef im Ring" bist, das Geschehen also "ohne Dich" abzulaufen scheint, interveniere sofort entschieden und führe über Metakommunikation eine Klärung herbei.

Halte Dich möglichst aus der Sachauseinandersetzung heraus. Stimuliere bei starker eigener Versuchung, "inhaltlich einzusteigen", die Kontroverse in der Gruppe. Möglich, dass Dein Anliegen auch von anderen gut vertreten wird. Wenn es trotzdem sein muss, mache den Rollenwechsel deutlich. Trete bei absehbar intensiverem inhaltlichen Engagement die Moderationsrolle zeitweise an ein Teammitglied ab.

Begreife die Definition der Moderationsrolle als besonders in Einstiegs- und Anfangssituationen wichtige Aufgabe. Bleibe aber wachsam, was die Aufrechterhaltung der Rolle betrifft. Scheue nicht davor zurück, bei "Rollenverwässerung" Deinen Part erneut zu definieren und zu festigen.

9.2 Prozesssteuerung
(schützt vor Strukturproblemen und thematischer Unklarheit)

Begreife dich als den Anwalt des roten Fadens und mache, lieber einmal mehr als zuwenig, die Ablaufstruktur der Teamarbeit transparent. (Wo stehen wir jetzt, wo wollen wir hin, wie können wir dahin gelangen?)!

Ordne das Gespräch. Fasse von Zeit zu Zeit zusammen. Verdeutliche Meinungsgegensätze. Sorge durch konkretisierende Nachfragen für Verständlichkeit in den Aussagen der Teammitglieder. Greife sofort ein, wenn Gesprächsregeln eklatant missachtet werden und die Kommunikation zu "verwildern" droht!

Habe die Zeit im Auge und verstehe Dich als Zeitwächter.

Entlaste durch Visualisierung von zuviel verbaler Fracht. Belebe den Prozess durch Bilder, Symbole und optische Sprache.

Sorge für deutliches "Umschalten", wenn zwischen den Ebenen Sammeln, Ordnen, Gewichten, Entscheiden/Handeln gewechselt werden muss.

Mache Überraschungen und ungeplante Neuentwicklungen zum Thema! Ein zu starres Festhalten an Struktur und Planung wirkt kontraproduktiv in Situationen, die eine Neuorientierung und Offenheit für den gerade im Team ablaufenden Prozess erfordern. Sei daher sensibel für die jeweilige "Wahrheit der Situation" und gib dem Raum, was im Raume ist (oft nur kurzzeitig nötig).

9.3 Impulse geben / Sacharbeit stimulieren
(zur Bewältigung von methodischen Herausforderungen)

Schaffe in Anfangssituationen einen konzentrierten Auftakt
(anstatt die Situation nach und nach bei "Vorgeplänkeln" unstrukturiert entstehen zu lassen)!

Mache Strukturvorschläge für die Sacharbeit und lege Deine Vorüberlegungen dazu offen.

Formuliere prägnante Leitfragen für einzelne Arbeitsschritte und mache so Themenstellungen interessant und bearbeitbar.

Verstehe Dich als zuständig für die Anleitung von adäquaten Arbeitsmethoden in der Teamarbeit: insbesondere beim Management von Projekten, bei Schritten systematischer Problemlösung und Entscheidungsfindung und bei der Gestaltung effizienter Konferenzen/Besprechungen.

Nutze partizipative Konferenz- und Protokolltechniken (Metaplan) und sorge für abwechslungsreiche Arbeitsformen (nicht nur Dauerplenum!).

Sei um massnahmenorientierte Protokollführung bemüht und betrachte die Sicherung von Teamarbeitsergebnissen als Deine Aufgabe.

Fördere Meinungsvielfalt und Ideenbreite durch Aktivierung von zurückhaltenden oder schweigenden Teammitgliedern.

9.4 Klärungshilfe leisten
(um Belastungen und Störungen des sozialen Klimas im Team zu entschärfen)

Verstehe Dich als "Entflechter" von Sach- und Beziehungsebene, wenn Du in der Teamarbeit Beziehungsspannung bemerkst.

Scheue Dich nicht, die Sacharbeit deutlich zu stoppen und zur Metakommunikation einzuladen.

Gehe bei Interventionen zur Konfliktregelung in erster Linie von Deiner Wahrnehmung aus, und bemühe Dich um eine nichtwertende Beschreibung dessen, was Dir auffällt, was Du siehst, hörst oder vermutest. Räume die Möglichkeit eines Irrtums oder einer Übersensibilität Deinerseits ein!

Stelle sicher, dass die Sichtweisen aller Beteiligten gehört und richtig verstanden werden. Nutze Aktives Zuhören und versuche, Tempo aus sich schnell hochschraubenden Eskalationsspiralen zu nehmen!

Versuche, im Team eine Norm zu etablieren, dass Auffassungsunterschiede und gegensätzliche Standpunkte nebeneinander bestehen können. Gerade der Kontrast soll gutgeheissen werden, weil er oft das Potential zu qualitativ höherwertigen Problemlösungen oder Arbeitsergebnissen in sich birgt.

Entwickle Augenmass für die Notwendigkeit, Klärungshilfe überhaupt leisten zu müssen. Manches flüchtige "Kuddelmuddel" kann einfach übergangen werden. Grundsätzliche Verstrickungen hingegen erfordern entschiedenes Eingreifen und das methodische Angebot eines konstruktiven Lösungswegs.

Bestimme bei sich festfahrenden Debatten, wer zu wem und in welcher Reihenfolge sprechen soll. Verteile antagonistische Rollen, indem Du den Beteiligten hilfst, sich über ihre Auffassung von der Position des anderen klar zu werden. ("Würden Sie einmal wiederholen, was Herr Müller gerade gesagt hat!" Und an den Widerpart gewandt: "Ist diese Wiedergabe zutreffend?")

9.5 Sorgfältige Vorbereitung
(schützt vor ungünstigen äusseren Bedingungen)

Hüte Dich vor überladenen Tagesordnungen! Sei in der Zeitplanung realistisch und gebe bereits vorher Raum für Unplanbares. Plane Zeit für Pausen ein!

Berücksichtige die Raumsituation. Vermeide zu kleine, schlecht belüftete, unzureichend beleuchtete, zu laute Räume.

Sorge für eine kommunikationsfreundliche Sitzordnung. Plaziere Dich selbst an einen "strategisch" günstigen Platz mit genügend Übersicht und ausreichendem Bewegungsspielraum zu eventuell eingesetzten Medien (Flipchart, Overhead, Metaplan).

Überprüfe vorher, ob benötigte Arbeitsmaterialien in ausreichender Zahl und funktionstüchtig vorhanden sind. Stelle sicher, dass es eine grosszügige Visualisierungsfläche gibt (notfalls dafür Stelltafeln besorgen!).

Bereite Dich auch inhaltlich vor. Entwickle insbesondere eine Moderationsdramaturgie für die Gestaltung von Einstiegs- bzw. Anfangssituationen. Die Struktur eines Sitzungsverlaufes erfordert planendes Durchdringen der personellen und sachlichen Gegebenheiten, meistens auch Vorabsprachen mit Teammitgliedern, auf deren inhaltliche Beiträge es besonders ankommt.

10. Ausbildung / allmähliches Hineinwachsen / Sich helfen lassen

Teamentwicklung und Moderation sind Führungsaufgaben, die nicht angeboren sind. Angesichts der Fülle der zuvor skizzierten Anforderungen, Leitlinien und Empfehlungen könnte sich beim Leser / bei der Leserin unter Umständen etwas Mutlosigkeit einschleichen: Das schaffe ich nie! Daher zum Schluss einige letzte Faustregeln für "den Anfänger / die Anfängerin"; Hinweise, die entlasten sollen von zuviel Perfektionismus, und die noch einmal den idealtypischen Charakter der vorangegangenen Überlegungen betonen:

Verlange nicht von Dir, dass Du die zuvor beschriebenen Aufgaben als Führungskraft gleich perfekt wahrnehmen müsstest. Der Erwerb dieser Qualifikationen ist eine Zukunftsherausforderung.

Nimm Weiterbildungsangebote zum Thema "Moderation" wahr - sie bieten einen fundierten methodischen Einstieg!

Suche für den Anfang ein gefahrloses Übungsterrain - z.B. eine kleine Gruppe, in der schon Vertrauen vorhanden ist und wo es nicht gleich um "Weltbewegendes" geht! Bitte am Ende jeder Zusammenkunft um Rückmeldung zum Arbeitsprozess und zur Moderation!

Gönne Dir für bestimmte Treffen oder Klausuren einen hinzugezogenen Profi-Moderator! Dies kann Dich sehr entlasten und bietet zudem die Möglichkeit, am konkreten Beispiel die "Kunst der Gruppenmoderation" zu lernen.

Erwäge die Möglichkeit, einen oder zwei Deiner Mitarbeiter/innen mit vorhandener Sozialkompetenz zu einer Ausbildung in Gruppenmoderation/ Prozesssteuerung zu entsenden, mit der Idee, dass Du bei vielen Teamtreffen die Moderationsaufgabe delegieren kannst.

Literaturverzeichnis

Grunwald, W. & Redel, W. (1986). Teamarbeit und Konflikthandhabung. Zeitschrift für Organisation, 5, 305.

Langmaak, B. & Braune-Krickau, M. (1987). Wie die Gruppe laufen lernt (2. Aufl.). München/Weinheim: Psychologie-Verlags-Union.

Management Wissen (1986). Management Wissen, 10, 14-25.

Rosen, N. (1989). Teamwork and the Bottom Line. Hillsdale/New Jersey: Lawrence Erlbaum Associates.

Tuckmann, B.W. (1965). Developmental sequence in small groups. Psychological Bulletin, 1965, 384 - 399.

Christian Hirt

Moderation in Gruppen: Eine Literaturübersicht

Die Forderung nach Mitbestimmung und Mitbeteiligung bei Planungs- und Entscheidungsprozessen in Organisationen hat zur Entwicklung von neuen Arbeits- und Kommunikationsformen geführt. In der Moderation von Arbeitsgruppen und Entwicklungsteams scheint man eine adäquate Methode gefunden zu haben. Es werden anhand verschiedener Publikationen einzelne Aspekte der Moderation vorgestellt: Ziele der Moderation, Aufgaben des Moderators, Anforderungen an die Gruppe, die Beschreibung des Moderationsprozesses, Aufgaben und Einsatzgebiete der Moderationsmethode.

The demands for consultation and participation in planning and decision processes inside organisations have led to the development of new forms of work and communication. Moderation techniques are a promising approach in this area. Using the findings of a number of publications individual aspects of moderation are discussed: the aims of moderation, the task of the moderator, demands on the group, a description of the moderation process, the purposes and possible uses of moderation techniques.

1. Kommunikationsformen im Umbruch

Zur Zeit wird im technischen Bereich der Kommunikation sehr viel in die Entwicklung von Mobilfunk, FAX, E-Mail, Videokonferenzen und Bildtelefonie investiert. Durch den Einsatz dieser Kommunikationsmedien ist, trotz hohem Grad der Arbeitsteilung, ein reger Informations- und Gedankenaustausch und ein phasenweises gemeinsames Arbeiten möglich. Die Spezialisierung und Differenzierung der Aufgaben, die es im Arbeitsprozess zu lösen gilt, stellt aber nicht nur an die Kommunikationstechnologien erhöhte Anforderungen. Sie erfordert auch von den Arbeitenden eine erhöhte Bereitschaft für kommunikative Prozesse, wenn ein Überblick über grössere Zusammenhänge in Organisationen nicht verloren gehen soll. Nicht so spektakulär, aber darum nicht weniger bedeutungsvoll, haben sich somit die Kommunikationsformen in Organisationen verändert. Durch Umstrukturierungen und Neuorganisationen wurden überflüssige Hierarchien abgebaut und für einzelne Bereiche autonome Arbeits- und Projektgruppen eingesetzt.

Kleinere Aufgabenstellungen, die zuvor im Verantwortungsbereich einer Person lagen, wurden zu grösseren Einheiten zusammengefasst und einer selbständigen, sich selbstorganisierenden Gruppe übertragen. Innerhalb dieser Teams ist der gemeinsame Austausch von Ideen und Informationen der zentrale Faktor. Es ist darum von entscheidender Bedeutung, wie die Kommunikationsprozesse in diesen Gruppen gestaltet werden, ob es damit gelingt Synergieeffekte zu wecken oder ein Potential in der Gruppe zu aktivieren. In der Moderation von Arbeitsgruppen scheint man ein adäquates Vorgehen gefunden zu haben, mit dem sich obige Ziele realisieren lassen.

Überblickt man die Einsatzbereiche der Moderation, so ergibt sich ein sehr heterogenes Bild. Schnelle und Stoltz (1978) verwenden den Begriff im Zusammenhang von interaktionellem Lernen. Anstelle der Vermittlung des Stoffes durch den Lehrer erarbeiten sich die Lernenden in Kleingruppen den Inhalt der Thematik selber mittels Planspielen oder Fallstudien. Der Moderator dieser Gruppen soll den selbständigen Wissenserwerb ermöglichen und begleiten. Ebenfalls auf die Moderation von Lern- und Arbeitsgruppen sind die Beiträge von Riegger (1983) und Koch (1988) ausgerichtet.

Ein ganz anderes Einsatzgebiet der Moderation ist der Problemlöse-Workshop im Bereich der Organisationsentwicklung in Unternehmen (vgl. z.B. Wohlgemuth, 1991; Meyersen, 1992). Knabe und Comelli (1980) schildern den Einsatz zweier externer Moderatoren im Rahmen einer Neustrukturierung des internationalen Service-Netzes eines multinationalen Konzerns. Einschneidende strukturelle und personelle Veränderungen, sowie massive Widerstände seitens des Personals bildeten die Ausgangslage. Die Aufgabe der Moderatoren bestand in der Leitung einer brisanten Klausurtagung, an der drei Vorschläge zur Diskussion und zur Entscheidung standen.

Wiederum eine andere Anwendungsmöglichkeit der Moderation liegt im Bereich der Marktforschung (Quiriconi, 1975; Buncher, 1982 und Gordon, 1990). Die Moderation einer sogenannten "Focus Group", einer Gruppe von potentiellen Kunden, bezweckt die Informationsgewinnung über ein bestimmtes Kundensegment. Diese Art Moderation, als Instrument der Marktforschung, wird hauptsächlich in Amerika verwendet.

Eine weitere Einsatzmöglichkeit von Moderation bietet sich im Therapiesektor. Thomann und Schulz von Thun (1988) verwenden Moderation in therapeutischen Gesprächen mit Paaren und in Kleingruppen. Wie obige Ausführungen zeigen, sind die Einsatzmöglichkeiten von Moderation vielfältig. Sie lässt sich in sehr unterschiedlichen Organisationen einsetzen. Ebenso unterschiedlich sind die Auffassungen, was unter Moderation zu verstehen ist und welche Aufgaben sich mit Moderation von Gruppen lösen lassen. Dementsprechend breit ist darum das Spektrum von Publikationen, in denen auf Moderation verwiesen wird. Viele Beiträge haben jedoch meistens marginalen Charakter, da andere Themen im Mittelpunkt stehen.

Nebst der Beschreibung der Moderation innerhalb verschiedener Einsatzgebiete, gibt es auch Werke, die sich umfassender mit der Darstellung dieser Thematik befassen. Das zentralste Werk, auf das sich viele Autoren beziehen, ist für den deutschsprachigen Raum die "Moderations-Methode" von Klebert, Schrader und Straub (1980). Eine weitere umfassende Publikation ist "Gruppen moderieren - eine Hexerei?" von Decker (1988). Dieser Autor setzt sich zudem intensiv mit der Thematik Moderation als Führungsaufgabe auseinander. Empirische Beiträge, die sich mit dem Thema Moderation befassen, habe ich bei meinen Recherchen nicht gefunden. Sie sind daher in dieser Literaturübersicht nicht vertreten.

Will man das Wesen der Moderation zur Förderung der Kommunikation in Gruppen und Organisationen verstehen, so ist es sinnvoll, sich mit dem Entstehungskontext dieser Methode näher auseinanderzusetzen.

2. Hintergründe und Entstehungskontext der Moderation

Klebert et al. (1980, S. 1) sehen in den Protestbewegungen der 60er Jahre einen wichtigen Auslöser für die Entwicklung der Moderationsmethode. Die Forderung nach Mitbeteiligung an Entscheidungsprozessen durch die Betroffenen durchdrang unterschiedlichste Lebensbereiche: Demokratisierung am Arbeitsplatz, Teamarbeit, die Realisierung von "just in time delivery-Konzepten", verbunden mit einem starken Hierarchieabbau und der Förderung der direkten Kommunikation, Basisbewegungen in Kirchen, Mitentscheidung der Schüler und Studenten bei der Festlegung der Bildungsinhalte, basisdemokratische Bewegungen in der Politik in Form der Bürgerbeteiligung (Jungk, 1980) etc.

Die Forderung nach Mitbeteiligung und Mitbestimmung hat auch einen Einfluss auf die Führungsstruktur der Organisationen. Die Fremdbestimmung soll im Verlauf der Zeit vermehrt abgebaut und die Selbstbestimmung verstärkt werden. "Das alte Führungs- und Kontrollkonzept liegt im Sterben. Neue Beteiligungs-, Mitwirkungs- und Steuerungsformen müssen gelernt werden" (Decker, 1988, S. 5).

Mit der Formulierung dieser Forderung ist aber erst der erste Schritt einer längeren Entwicklung getan. Zu Beginn fehlten adäquate Kommunikationsmuster, um die Meinungsbildungs- und Entscheidungsprozesse in Gruppen und Teams zu fördern. Aus diesem Handlungsdefizit wuchs das Bestreben, neue Kommunikationsformen zu entwickeln und auszuprobieren. Klebert, Schrader und Straub (1987) beschreiben die Entwicklung ihrer Moderationsmethode folgendermassen:

"Es folgten einige Jahre intensiver Kreativität, in der mit Methoden experimentiert wurde, in der wir Erfahrungen (gute und schlechte) machten und in der sich langsam das herauskristallisierte, was wir heute 'Moderations Methode' nennen: eine Mischung aus Planungs- und Visualisierungstechniken, aus Gruppendynamik und Gesprächsführung, aus Sozialpsychologie, Soziologie, Betriebs- und Organisationslehre mit einem Verständnis von sozialen und psychischen Prozessen, die sich an Erkenntnisse und Erfahrungen der Humanistischen Psychologie anlehnen" (Klebert et al., 1987, S. 8).

So vielfältig die Einsatzmöglichkeiten der Moderation sind, so unterschiedlich sind auch die Fachbereiche, aus denen einzelne Aspekte der Moderation entwickelt wurden. Im folgenden möchte ich nun näher darauf eintreten, an welche Erwartungen man den Einsatz der Moderationsmethode knüpft und welches die Hauptmerkmale der Moderation sind.

3. Die Ziele der Moderation

Das wichtigste Ziel der Moderation besteht meines Erachtens darin, einen verstärkten Einbezug aller Gruppenmitglieder, grössere Beteiligung und individuelle Mitsprache zu ermöglichen und zu fördern (Decker, 1988, S. 17). Mit der Moderation sollen Möglichkeiten geschaffen werden, mit denen *jede* oder *jeder* seine Ideen aus seinem Wissens- und Erfahrungshintergrund in einer Atmosphäre gegenseitiger Achtung und Akzeptanz, unabhängig von Position und Funktion innerhalb der Organisation, in die Gruppe einbringen kann. Mit Hilfe der Moderation sollte es zudem möglich sein, durch gemeinsame Arbeit positive Erlebnisse zu erzielen, welche mehr sind als nur die Summe der individuell eingebrachten Teile. Die Ideen und Gedanken von einzelnen Gruppenmitgliedern können bei anderen Teilnehmern Ideen hervorrufen, auf die sie von alleine nicht gekommen wären. Wenn sich also mehrere Leute mit einer Thematik befassen, so wird das Spektrum der Ideen, Perspektiven und Ansichten grösser sein als wenn sich nur ein einzelner damit befasst.

Eine weitere positive Auswirkung, die man sich von der Moderationsmethode erhofft, ist, dass durch die breite Mitbeteiligung der Betroffenen die Akzeptanz der Entscheide grösser ist als wenn der Entscheid, von einer Person gefällt, von oben nach unten durchgesetzt würde. Zudem sollte sich der aktive Einbezug positiv auf die intrinsische Motivation der Mitbeteiligten auswirken. Damit verbunden erhofft man sich eine engagiertere Mitarbeit, aktiveres Mitdenken und Mitgestalten. Die an die Moderation gestellten Erwartungen und die grundlegenden Gedanken, die zum Einsatz von Moderation in unterschiedlichen Einsatzgebieten führen, lassen sich also folgendermassen zusammenfassen: "Moderation ist eine Methode, die den Prozess in Gruppen und Organisationen im Sinne von mehr Offenheit, Akzeptanz und Kommunikation fördert" (Decker, 1988, S. 17).

Dass diese Prozesse nicht automatisch ablaufen, sondern eines gezielten Vorgehens, einer bestimmten Methode bedürfen, zeigen folgende Äusserungen von Klebert et al. (1980, S. 2): "Eines Tages begriffen wir: Es war nicht unbedingt so, dass die Menschen einander nicht beteiligen wollen, sondern sie können es nicht. Es gab kein Verhalten und keine Technik, die es ermöglichte, alle kannten nur zwei Modelle, Vortrag und Diskussion, Lehrer und Diskussionsleiter".

Sollen obige Erwartungen erfüllt werden, so ist auf der Ebene der Gruppenleitung wie auch auf der Ebene der Gruppenmitglieder ein Umdenken und ein anderes Kommunikationsverhalten unabdingbar. Im folgenden gehe ich nun näher auf die Moderationsmethode ein.

4. Die Moderationsmethode

Der Begriff Moderationsmethode wurde hauptsächlich von Klebert et al. (1980) geprägt. Die Methode ist dabei als planmässiges Vorgehen zu verstehen, um bestimmte Ziele zu erreichen. Soll sie die erhofften Erwartungen erfüllen, so muss man eine Reihe von Faktoren berücksichtigen. Von entscheidender Bedeutung wird die Rolle und die Person des Moderators oder der Moderatorin sein. Im weiteren ist die Zusammensetzung und die Grösse der Gruppe ein gewichtiger Faktor. Zudem gilt es, verschiedene Hilfsmittel und Techniken im Sinne von Handlungswissen zu berücksichtigen, die während der Moderation eingesetzt werden können.

Zusätzliche Aspekte sehe ich in den einzelnen Phasen des Moderationsprozesses mit seinen unterschiedlichen Anforderungen an den Moderator und an die Gruppe. Nicht vergessen werden soll auch die Art der Aufgabe, die die Gruppe mittels Moderation zu lösen hat.

4.1 Der Moderator - die Moderatorin

Über die Aufgaben und Rollen des Moderators bestehen sehr unterschiedliche Ansichten. Sie reichen von Diskussionsleiter, Animator, Fachpromotor bis zum Prozessberater. Allen gemeinsam ist folgende Grundintention des Moderatorenverständnisses. Sie kommt in der Aussage von Klebert et al. (1987, S. 4) schön zum Ausdruck:

"Der wichtigste Schritt, die Kopernikanische Wendung in der Gruppenarbeit, war, als wir erkannten: Die Menschen wissen etwas, sie können etwas, sie haben einen Willen. Lassen wir sie also das tun, was sie selber können und wollen. Damit geschah erst der Rollenwandel vom Planer, Experten, Gruppenleiter zum Moderator. Der 'Trainer' (so nannten wir uns damals noch) sollte nicht mehr wissender Führer einer Gruppe, sondern Helfer, Hebamme für den Willen und die Erkenntnis der Beteiligten sein" (Klebert et al., 1980, S. 4).

In verschiedenen Beiträgen wird betont, dass der Moderator keine Vorgesetzten- oder Leiterposition im hierarchischen und fachlichen Sinne einnimmt. "Moderation ist also ein hierarchiefreies Führen von selbstorganisierten Gruppen in einem partnerschaftlichen Verständnis, ohne Oben und Unten" (Decker, 1988, S. 18). Oftmals wird der Moderator als "einer von Gleichen" oder als "der erste der Gruppenmitglieder" bezeichnet (Decker, 1988, S. 19). An anderen Stellen geht man sogar noch einen Schritt weiter und setzt ihn an die letzte Stelle, als Diener oder als Helfer der Gruppe (Koch, 1988, S. 43). Der Moderator übernimmt für die Dauer der Besprechung eine bestimmte Rollenfunktion. Die Stellung oder Position des Moderators in der Gruppe hat somit lediglich temporären Charakter.

Was zeichnet nun den Moderatoren, wenn er einmal bestimmt ist, gegenüber den anderen Teammitgliedern aus? Worin bestehen die speziellen Funktionen dieses Gruppenmitgliedes? Für die Beschreibung der Rolle des Moderators werden oft Metaphern verwendet, die ich im folgenden näher darstelle.

Decker (1988, S. 20) bezeichnet den Moderator unter anderem als eine Art *Gärtner*. Die Aufgabe des Kultivators ist das Schaffen von idealen Wachstumsbedingungen. Wenn das Umfeld stimmt, so stellt sich in der Regel ein optimales Wachstum von selbst ein. Die Idee, die dahinter steckt, lässt sich mit dem Begriff "arrangieren" des Pädagogen Giesecke (1987) vergleichen. Durch geschicktes Arrangieren einer Situation sollen bei den Gruppenmitgliedern gewisse Effekte provoziert werden. Zum Beispiel soll eine freundliche Raumatmosphäre einen positiven Einfluss auf die

Arbeitsatmosphäre der Gruppe haben (Koch, 1988, S. 53). Zudem kann die Wahl der Sitzordnung, der Gruppengrösse und -zusammensetzung Kommunikationsprozesse begünstigen oder hindern. Ein weiteres Kriterium ist der Durchführungsort der Tagung. Es ist ein entscheidender Unterschied, ob die Tagung in der eigenen Firma oder in fremden Räumlichkeiten durchgeführt wird. Klebert et al. (1980) führen zudem noch die Kleidung an. Sie fordern ihre Teilnehmer jeweils auf, Freizeitbekleidung einzupacken. In der ungezwungenen Kleidung soll eine lockere Arbeitsatmosphäre entstehen.

Eine weitere Metapher, die das Verständnis des Moderators umschreibt, ist der Begriff *Geburtshelfer* (Decker, 1988, S. 20; Klebert et al. 1980, S. 4). Der Geburtshelfer begleitet die Gruppe im Entwicklungs- oder Problemlöseprozess und greift nur dort ein, wo Komplikationen und Verkrampfungen diesen Vorgang verzögern oder gefährden könnten. Das ist z.B. bei gruppeninternen Spannungen und ungelösten Konflikten zwischen den Teilnehmern der Fall. Dadurch wird der Ablauf der Gruppenarbeit blockiert. Der Moderator weist auf diese Unstimmigkeiten und Meinungsverschiedenheiten hin und ermöglicht so, dass der Konflikt von der Gruppe wahrgenommen und gelöst wird, damit das Team wieder weiterarbeiten kann. Der Moderator hat dabei eine unterstützende Aufgabe. Die Hauptarbeit leistet die Gruppe selber, und das Resultat das dabei herauskommt, ist ihr eigenes Resultat. Bei dieser Metapher wird das Prozesshafte der Moderation besonders betont. Der Geburtshelfer hat im Verlauf der Moderation unterschiedliche Funktionen, und er muss auf die Phase, in der sich die Gruppe jeweils befindet, eingehen.

Eine weitere Erwartung, die sich in Form einer Metapher an den Moderator stellt, ist das Prinzip eines *Katalysators* (Decker, 1988, S. 20). Die Funktion eines Katalysators besteht darin, dass unter zeitlich beschränkter Verwendung einer Substanz die Aktivierungsenergie für den Ablauf bestimmter Prozesse massiv herabgesetzt wird. Das heisst, mittels Moderation sollen in einer Gruppe Prozesse ausgelöst werden, die sonst nur mit beträchtlichem Aufwand möglich wären oder gar nicht ablaufen würden. "Die Aufgabe des Helfers ist es, den Austauschprozess zu organisieren, die Türen zu öffnen, die Blockaden wegzuräumen. Die Aufgabe ist, Bedürfnisse, Ziele und Meinungen sichtbar und besprechbar zu machen" (Klebert et al., 1980, S. 1). Mit dem Vergleich mit einem Katalysator wird die Anfangsphase eines Gruppenprozesses besonders betont. Die Bemühungen des Moderators zu Beginn der Moderation entscheiden darüber, ob es ihm gelingt, die Eigenaktivität und Selbsttätigkeit der Gruppenmitglieder zu aktivieren.

Zusammenfassend lässt sich sagen, dass Moderatoren in erster Linie methodische Helfer sind, die ihre eigenen Wertungen, Ziele und Meinungen hinter diejenigen der Gruppe zurückstellen können (Klebert et al., 1980, S. 1). Durch die Moderation von Gruppen erfüllt der Moderator folgende Funktionen:

1. Er gestaltet die Situation und schafft somit ideale Rahmenbedingungen.
2. Er hilft bei der Lösung von Konflikten.
3. Er aktiviert und organisiert Austauschprozesse.

Wer eignet sich nun als Moderator? Klebert et al. (1980) gehen davon aus, dass jeder, der will, die Moderationsmethode lernen kann. Je nach Person entwickeln sich dann unterschiedliche Moderationsstile. Das Lernen der Moderationsmethode durch ein Lehrbuch scheint wenig sinnvoll. Sowohl Klebert et al. (1980) wie auch Koch (1988) meinen: Moderieren lernt man durch Moderieren. Dieser Lernprozess wird gefördert, wenn zu zweit oder zu dritt moderiert wird. Erste Erfahrungen sind so in kompetenter Begleitung möglich. Aber nicht alles der Moderationsmethode ist lernbar! "Und irgendwann hört es dann mit den Regeln auf. Denn ein grosser Teil der Aktionen und Reaktionen des Moderators, die Wahl des Zeitpunkts einzugreifen oder laufen zu lassen, sind Sache der Intuition und der Erfahrung" (Klebert et al., 1980, S. 3). Neben den professionellen Moderatoren, die sich ausschliesslich mit dieser Tätigkeit befassen, gibt es ein weites Feld für Moderatoren, die sich nicht vollamtlich in dieser Rolle betätigen. Soll die Moderationsmethode in kleinerem Rahmen eingesetzt werden, wie das bei der Kurzmoderation der Fall ist, so können auch einzelne Mitglieder von Arbeitsgruppen vorübergehend diese Funktion übernehmen (Klebert et al., 1987).

Die Moderationsmethode stellt an die Gruppenmitglieder einige Anforderungen. Durch den verstärkten Einbezug tragen die einzelnen Mitglieder für den Prozess und das Resultat auch vermehrt Verantwortung. Ist die Methode unbekannt, so muss sich die Gruppe ebenfalls mit dieser Arbeitsform zurechtfinden (Klebert et al., 1980). Weiter können starke hierarchische Unterschiede innerhalb der Gruppen den Prozess blockieren, wenn sich keine partnerschaftlichen Beziehungen aufbauen lassen.

Weiter wird von entscheidender Bedeutung sein, ob die Gruppe "ad hoc" zusammengestellt wurde oder es sich um ein festes Team handelt, das in dieser Zusammensetzung arbeitet.

Ein weiterer wichtiger Punkt, der die Gruppe betrifft, ist die Akzeptanz des Moderators und der Moderationsmethode. Sie muss ihr Einverständnis zur Person des Moderators sowie zu gewissen Vorgehensweisen geben. Sie erteilt dem Moderator die Kompetenz, die vereinbarten Regeln und Abmachungen bei Nichtbeachten durchzusetzen oder andernfalls neue Regeln auszuhandeln (Koch, 1988).

4.2 Moderationstechniken

In diesen Bereichen wird in den Publikationen von Koch (1988) und Klebert et al. (1980) der Schwerpunkt der Ausführungen zur Moderation gesetzt. Die Praxis der Moderation steht im Vordergrund. Theoretische Aspekte, die zur Begründung und zum Einsatz dieser Methode führen, werden nur am Rande beschrieben. Die Moderationstechniken lassen sich in zwei verschiedene Gruppen aufteilen:

1. Visualisierungstechniken
2. Frage- und Antworttechniken

Die Visualisierungstechniken sind ein Versuch, dem Anliegen der verstärkten Teilnehmerbeteiligung, auch auf der Ebene des Protokolls, dem Festhalten des Arbeitsverlaufs und der Arbeitsergebnisse, gerecht zu werden (Pieper, 1984). Die Verwendung von Stellwänden, Plakaten, Karten, Filzstiften und Klebepunkten soll die Darstellung der Arbeitsresultate, den Verlauf des Gruppenprozesses und das Stimmungsbarometer in der Gruppe dokumentieren. Die Resultate sind so für alle sichtbar. Im weiteren erhöht die Visualisierung die Merkfähigkeit der Teilnehmer (Klebert et al., 1980, S. 1).

Neben der Visualisierungstechnik ist die Frage- und Antworttechnik von zentraler Bedeutung. In Klebert et al. (1980) und Koch (1988) finden sich eine Reihe von konkreten Hinweisen, wie man ein Gespräch eröffnet, welche Aspekte bei der Formulierung von Fragen und Gruppenaufträgen berücksichtigt werden müssen, wie man mit schwierigen Gesprächspartnern umgehen kann, etc.

Auf die Frage- und Antworttechniken möchte ich nicht weiter eingehen, da das den Rahmen dieses Artikels sprengen würde. Als Hintergrundinformation sei lediglich gesagt, dass sich Koch (1988) und Klebert et al. (1980) an der Themenzentrierten Interaktion von Cohn (1975) orientieren.

4.3 Der Moderationsprozess

Nebst all den Aspekten, die bisher näher vorgestellt wurden, ist die Prozesskompetenz ein weiterer wichtiger Bereich. Der Ablauf einer Gruppenarbeit lässt sich nur schwer voraussagen, weil viele verschiedene Faktoren auf das Geschehen Einfluss nehmen können. Diese Unberechenbarkeit und das Risiko, dass das gewünschte Resultat nicht eintreffen kann, erfordert vom Moderator eine bestimmte Kompetenz, die es ihm erlaubt, in den einzelnen Phasen adäquat auf die veränderten Situationen einzugehen und dementsprechend zu agieren und zu reagieren. "Der Moderator führt primär aufgrund seiner pädagogisch-psychologischen, methodischen Kompetenz, nicht, weil er der absolute Fachmann in der Sache wäre. Er ist ein Experte im Umgang mit Menschen, in der Förderung und Entwicklung von Gruppenprozessen" (Decker, 1988, S. 17).

Verfolgt man den Ablauf einer Moderation, so lassen sich unterschiedliche Phasen herauskristallisieren, die an den Moderator und die Gruppe bestimmte Anforderungen stellen.

Zu Beginn stellt sich die Frage der Auswahl des Moderators. Wird er von "Oben" bestimmt oder wählt die Gruppe den Moderator selber aus. Weitere Fragen sind, ob es einer oder mehrere sein sollen, ob externe Fachleute beigezogen werden oder ob jemand der Organisation diese Aufgaben übernehmen kann. Diese Faktoren müssen bei der Auswahl berücksichtigt werden, da damit die Akzeptanz des Moderators in der Organisation und der Gruppe zusammenhängt.

Ist der Moderator bestimmt, so beginnen für ihn eine Reihe von organisatorischen Aufgaben. Er ist zunächst für die Organisation und die Vorbereitung des Treffens zuständig. Er veranlasst die Reservation der Konferenzräume, versendet die Einladungen und die für die Vorbereitung benötigten Unterlagen.

Klebert et al. (1980) gehen in ihrem Modell detailliert auf die verschiedenen Gruppenphasen ein und haben ihren Beitrag zur Moderationsmethode chronologisch, einem Moderationsablauf entsprechend, aufgebaut, vom Ankommen der Teilnehmer bis zur Nacharbeit. Im folgenden fasse ich die wichtigsten Stationen kurz zusammen. Die Autoren geben zu bedenken, dass die Teilnehmer für Sitzungen und Tagungen die gewohnte Arbeitsumgebung verlassen und zum Teil mit unbekannten Leuten zusammentreffen. Beim Eintreffen der Gäste soll es möglich sein, Kontakte zu knüpfen oder auch noch für sich alleine an einem Ort zu sein, bis die offizielle Begrüssung beginnt. Nach einer Phase des Kennenlernens folgt der Punkt:

"Die Situation klären". Es geht hier um die inhaltliche Einstiegsphase. An dieser Stelle werden alle Teilnehmer gefragt, worüber an dieser Tagung gesprochen werden muss. Klebert et al. (1980) schlagen den Moderatoren vor, die Kartenfrage zu verwenden. Jeder Teilnehmer schreibt seine Themen auf einzelne Karten. Die Karten werden dann eingesammelt und an einer Stellwand aufgehängt. Anschliessend gruppieren die Gruppenmitglieder die einzelnen Karten nach übergeordneten Themen. Darauf werden die einzelnen Themen-Gruppen gewichtet und die Prioritäten festgelegt.

In der folgenden Kleingruppenarbeit kann nun jeder Teilnehmer das Thema diskutieren, das ihn am meisten anspricht. Nun wechseln Phasen von Kleingruppenarbeit und Darstellungen der Resultate im Plenum. Klebert et al. (1980) führen an, dass durch den Einbezug vieler Personen die Problematik ausgeweitet und unübersichtlich wird, zum Teil sogar chaotisch wirken kann. An dieser Stelle können sowohl auf der Sach- wie auch auf der Beziehungsebene Konflikte ausbrechen. Der Wunsch nach bewährten Kommunikations- und Verhaltensmustern, "einer sagt wo's lang geht", ist dann besonders stark. Die Aufgaben der Moderatoren ist es, in dieser Phase der Gruppe zu helfen, die Konflikte auszutragen.

In einer letzten Phase geht es darum, aufgrund der erarbeiteten Ergebnisse, Tätigkeitskataloge zu vereinbaren. Damit wird sichergestellt, dass nach der Tagung tatsächlich etwas in die Praxis umgesetzt wird. Damit das möglich ist, wird folgendes in einem Tätigkeitskatalog festgehalten: Wer, was, mit wem, bis wann.

Ob die Moderation erfolgreich war, zeigt sich erst im nachhinein in der Umsetzung des Tätigkeitskatalogs.

Neben den Moderationstechniken benötigt der Moderator zusätzliche Kompetenzen, eine Art Metawissen. Aufgrund dieses Wissens entscheidet er, welche Methoden zu welchem Zeitpunkt eingesetzt werden, um so den Gruppenprozess in eine positive Richtung zu lenken.

Nach Klebert et al. (1987) hat die Einflussnahme auf den Verlauf der Moderation eher etwas mit einer künstlerischen Gestaltung zu tun. Die Steuerung des Moderationsprozesses verlangt Erfahrung und Einfühlungsvermögen (Klebert et al., 1987, S. 8). Im Verlauf der Moderation handelt der Moderator oft situativ. Er hat wenig Gelegenheiten, sein Handeln zu überdenken, Handlungsalternativen zu evaluieren und abzuschätzen, z.B. wie die Gruppe auf die einzelnen, von ihm vorgeschlagenen Methoden reagieren könnte. Während der Interaktion mit der Gruppe bleibt ihm also wenig Zeit, um nachzudenken und dann eine Entscheidung zu treffen. Hier verlässt er sich darum auf seine Erfahrung und sein Einfühlungsvermögen.

Eine Moderation zu zweit bietet hier einige Vorteile, und in schwierigen Situationen ist sie wohl unumgänglich.

4.4 Aufgaben und Einsatzmöglichkeiten der Moderation

Für den Einsatz der Moderation gibt es eine Reihe von unterschiedlichen Veranstaltungstypen. Aufgrund der umfangreichen Erfahrungen von Klebert et al. (1980, S. 1) haben sich folgende Einsätze bestens bewährt:

"Firmentagung	Betriebsversammlung
Vertriebstagung	Kundenbedarfsanalyse
Fachkongress	Messestand
Verbandstagung	Jahrestagung
Betriebsjubiläum	Einführung neuer Mitarbeiter
Grossseminar	Bildungs-Bedarfs-Analyse
Elternversammlungen	Bürgerversammlungen"

Welche Aufgaben lassen sich nun mit der Moderationsmethode lösen? Als eine zentrale Voraussetzung gilt: es muss ein Diskussions- und Gestaltungsspielraum gegeben sein. Im weiteren sollte die Problematik mehrere Leute betreffen. Zudem muss man genügend Zeit haben, ein Treffen zu organisieren und die beteiligten Personen rechtzeitig einzuladen. Klebert et al. (1980) sehen in der Planungsentscheidung das eigentliche Feld der Moderation. In der Planung gibt es viele zu verarbeitende Informationen, und von den erarbeiteten Planungsentscheiden sind viele Teilnehmer der Organisation betroffen. Bedarf der Entscheid einer breiten Akzeptanz und Unterstützung, so ist es sinnvoll, mittels der Moderationsmethode möglichst viele an der Entscheidungsfindung mitzubeteiligen.

5. Moderation im Kontext von hierarchisch orientierten Arbeits- und Organisationsstrukturen

Der Einsatz von Moderatoren und Moderation erfordert nicht nur das Lernen eines neuen Kommunikationsverhaltens. Er ist auch mehr als die Einführung eines neuen Kommunikationsstils. Moderation muss meines Erachtens in einen Kontext von bestimmten Werthaltungen und Organisationsstrukturen eingebettet sein, die den Einsatz der Moderationsmethode unterstützen. Beim Zugeständnis zu Mitbeteiligung und Mitbestimmung in Organisationen darf es sich nicht um ein blosses Lippenbekenntnis handeln, andernfalls würde der Einsatz der Moderationsmethode zur Phrase verkommen. Mit der Moderation wird also nicht nur eine neue Methode angewendet. Moderation lässt sich nur in einem bestimmten Kontext realisieren.

"Der Moderation liegt also eine neue 'Führungs'-Philosophie und Arbeitsstruktur zugrunde.
- Die formale Hierarchie, d.h. Über- bzw. Unterordnung, besteht für diese zu moderierende Gruppe nicht.
- Bei der Moderation als einer partizipativen, partnerschaftlichen Form der Führung wird nicht von oben nach unten geführt, sondern gemeinsam, netzförmig, wie unter Gleichen" (Decker, 1988, S. 17).

Schwierigkeiten könnten also dort auftreten, wo der Moderator eine Doppelfunktion wahrnimmt. Zum einen ist er Führungskraft im herkömmlichen Sinne und mit den entsprechenden Kompetenzen und Verantwortungen versehen, zum anderen sollte er Moderator und Helfer einer Gruppe sein. Wie weit diese Funktionen miteinander vereinbar sind und wie weit dadurch keine Zielkonflikte entstehen, muss jeweils im Einzelfall geklärt werden. Übernimmt ein Teilnehmer der Gruppe die Moderation und hat er zusätzlich noch andere Funktionen, so muss er den Rollenwechsel vom Moderatoren zum Beteiligten klar signalisieren (Klebert et al., 1987, S. 118). In solchen Fällen mag es sinnvoll sein, externe Moderatoren beizuziehen.

Zusammenfassend lässt sich zu den Publikationen über Moderationen folgendes sagen:

Es fällt auf, dass viele Werke sehr stark handlungsorientiert sind. Im Vordergrund steht die Beschreibung einer Methode und deren Einsatz in der Praxis (Klebert et al., 1980; Pieper, 1984; Klebert et al., 1987; Koch, 1988; Donnert, 1990; Boening, 1991).

Beiträge, in denen einzelne Aspekte der Moderation theoretisch umfassender begründet werden, sind nur schwach vertreten. Eine Ausnahme bildet Decker (1988), der immer wieder versucht, das Thema Moderation in einen grösseren Kontext zu stellen.

Gänzlich fehlen empirische Beiträge, aus denen hervorgeht, ob die an die Moderationsmethode geknüpften Erwartungen auch erfüllt werden. Somit bietet sich hier ein grosses Feld für weitere Arbeiten und Untersuchungen.

Literaturverzeichnis

Boening, U. (1991). Moderieren mit System: Besprechungen effizient steuern. Wiesbaden: Gabler.

Buncher, M. (1982). Focus groups seem easy to do and use, but they're easier to misuse and abuse - Six focus group cases: 3 correct, 3 incorrect applications. Marketing News, 16, 14 - 15.

Cohn, R.C. (1975). Von der Psychoanalyse zur Themenzentrierten Interaktion. Stuttgart: Klett-Cotta.

Decker, F. (1988). Gruppen moderieren - eine Hexerei? Die neue Team-Arbeit. Ein Leitfaden für Moderatoren zur Entwicklung und Förderung von Kleingruppen. München: Lexika.

Donnert, R, (1990). Am Anfang war die Tafel... Praktischer Leitfaden für Moderation, Seminar, Vortrag, Lehrgespräch und Unterweisung. München: Lexika.

Giesecke, H. (1987). Grundformen pädagogischen Handelns. München: Juventa.

Gordon, W. (1990). Ask the right questions, ye shall receive the right moderator. Marketing News, 24, 42 - 43.

Jungk, R. & Müllert, N. (1981). Zukunftswerkstätten. Hamburg: Hoffmann und Campe.

Klebert, K., Schrader, E. & Straub, G. (1980) Moderationsmethode. Geisel-Bullach: Heinz W. Preisinger Studio und Verlag für Kommunikation.

Klebert, K., Schrader, E. & Straub, G. (1987). KurzModeration: Anwendung der ModerationsMethode in Betrieb, Schule und Hochschule, Kirche und Politik, Sozialbereich und Familie bei Besprechungen und Präsentationen. Hamburg: Windmühle, Verlag und Vertrieb von Medien.

Knabe, G. & Comelli, G. (1980). Psychologische Unterstützung bei der Neuordnung des internationalen Service-Netzes eines multinationalen Konzerns. In: R. Neubauer & L. Rosenstil (Hrsg.), Handbuch der Angewandten Psychologie (S. 920 - 947). Landsberg am Lech: Verlag Moderne Industrie.

Koch, G. (1988). Die erfolgreiche Moderation von Lern- und Arbeitsgruppen: praktische Tips für jeden, der mit Teams mehr erreichen will. Landsberg am Lech: Verlag Moderne Industrie.

Meyersen, K. (1992). Die moderierte Gruppe: hierarchiefreie Kommunikation im Unternehmen: Erfahrungen aus der Praxis. Frankfurt a.M.: Campus.

Pieper, A. (1984). Visualisierungsverfahren: Hilfen für die Moderation und Evaluation von praxisnaher Gruppenarbeit. Gruppendynamik, 15, 401 - 416.

Quiriconi, R. (1975). Focusing on focus group moderators. Marketing News, 9,6.

Riegger, M. (1983). Lernstatt erlebt. Praktische Erfahrungen mit Gruppeninitiativen am Arbeitsplatz. Essen: Windmühle, Verlag und Vertrieb von Medien.

Schnelle, W. & Stoltz, I. (1978). Interaktionelles Lernen: Leitfaden für die Moderation lernender Gruppen (2. überarbeitete und erweiterte Aufl.). Quickborn: Metaplan.

Thomann, Ch. & Schulz von Thun, F. (1988). Klärungshilfe: Handbuch für Therapeuten, Gesprächshelfer und Moderatoren in schwierigen Gesprächen. Reinbek bei Hamburg: Rowohlt Taschenbuch.

Wohlgemuth, A.C. (1991). Das Beratungskonzept der Organisationsentwicklung: Neue Form der Unternehmungsberatung auf Grundlage des sozio-technischen Systemansatzes. Bern/Stuttgart: Haupt (3. Aufl.)

Zu den Autoren

Albert Ziegler, P. Dr. (1927)

Studierte Philosophie und Geschichte in Freiburg (Schweiz); durchlief die übliche Ausbildung des Jesuiten-Ordens mit dem Studium der Philosophie in München (lic.phil.), der Theologie in Löwen (lic.theol.);

1957	Promotion zum Dr.phil;
1961-1989	Studentenseelsorger an den Zürcher Hochschulen;
1984-1992	Lehrbeauftragter der Theologischen Fakultät in Luzern;
seit 1980	Rektor der Theologiekurse für Laien, Zürich;
ab 1992	Mitglied der Ethischen Kommission der Schweiz. Akademie der Medizinischen Wissenschaften.

Mitarbeit in der allgemeinen und theologischen Erwachsenenbildung. Häufige Tätigkeit als Gastreferent zu berufsethischen Themen bei Veranstaltungen im Bereich Wirtschaft und Politik.
Durchführung von Seminaren für Führungskräfte.

Letzte Veröffentlichungen:
- Zeit ist Leben (Remmers & Partner AG, Zug, 1990)
- Verantwortungssouveränität (Josef Schmidt Verlag, Bayreuth, 1992).

Bruno Krapf, Prof. Dr. (1932)

Aufgewachsen in der Ostschweiz. Ausbildung und mehrjährige Praxis als Primar- und Sekundarlehrer in den 60er Jahren. Studium der Philosophie, Psychologie, Pädagogik und Soziologie an der Universität Zürich. Nach Studienaufenthalten in den USA, England und Deutschland Promotion an der Universität Zürich (1971). Arbeit als Erwachsenenbildner in verschiedenen Grossunternehmungen der Privatwirtschaft. Wissenschaftlicher Mitarbeiter am Pädagogischen Institut der Universität Zürich im Bereiche Pädagogische Psychologie. In den 80er Jahren Habilitation und Psychotherapieausbildung. Seither Lehre und Forschung mit den Schwerpunkten Pädagogische Psychologie, Kommunikation und Führungslehre, Erwachsenenbildung an der Universität Zürich. Gastdozent an der Universität Basel und später "Ajunct faculty member at Leseley Graduate School" in Cambridge (MA). 1992/93

Forschungsstudienaufenthalt in den USA [Lesley College Graduate School and Harvard University (MA), University of California, Berkeley (CA)]. Projektmässige Zusammenarbeit mit Beratungsinstitutionen und Unternehmensleitungen.

André Christian Wohlgemuth, PD Dr. (1951)

Studierte Betriebswirtschaft und Psychologie an den Universitäten Zürich und Bern. Wissenschaftlicher Assistent am Institut für betriebswirtschaftliche Forschung an der Universität Zürich. Regierungsrätliches Stipendium für einen Forschungsaufenthalt an der University of California, Berkeley Graduate School of Business Administration (1986) im Rahmen einer Feldstudie über Erfolgsfaktoren von Unternehmen. Privatdozent an der Universität Zürich und Autor verschiedener Fachpublikationen.
Berufliche Erfahrung: Parallel zum Studium verschiedene Aufgaben in Industrie und Dienstleistungsbereichen, nach dem Lizentiat Informatik-Praktikum bei IBM, nach der Promotion Projektleiter im Bereich Management Development für eine Schweizer Grossbank. Danach 5 Jahre Unternehmensberater in einer international tätigen Schweizer Beratungsgruppe, seit 1989 selbständiger Unternehmensberater mit Mandaten für mittlere und grosse Unternehmen, Konzerngruppen und öffentliche Institutionen. Unter anderem Mitglied der Schweizerischen und Europäischen Vereinigung der Unternehmensberater (ASCO / FEACO).

Jörg Fengler, Prof. Dr., Dipl.-Psych. (1944)

Studierte in Hamburg und Bonn Psychologie, Philosophie und Theologie und promovierte in Angewandter Psychologie mit einer empirischen Arbeit zur Evaluation gruppendynamischer Prozesse. Er lehrt heute an der Universität zu Köln Klinische und Pädagogische Psychologie und ist als Psychotherapeut und Supervisor und Berater für Organisationsentwicklung tätig.
Eine Reihe von Vortragsreisen haben ihn u.a. nach Kenya, Thailand und Russland geführt. Er leitet Seminare für Führungskräfte aus Wirtschaft und Verwaltung. Im Mittelpunkt seines Interesses stehen - jenseits globaler Theorien - individuelle Ansätze der Problemlösung. Er fühlt sich der Feldtheorie und der Psychologie C. G. Jungs verbunden und schöpft aus ihnen.

Buchpublikationen: 1974: Angewandte Gruppendynamik. 1980: Selbstkontrolle in Gruppen. 1987: Heilpädagogische Psycholoie. 1991: Helfen macht müde. Mitglied verschiedener Fachvereinigungen (BDP, DAGG, GwG, DGVT)

Andreas Pieper, Dr. (1953)

In Bremen geboren, nach dem Abitur Bundeswehrdienst, 1974-1981 Studium der Psychologie und Pädagogik an den Universitäten Göttingen, Aix-en-Provence und Hamburg, 1978-1985 Mitarbeiter der Beratungsstelle für Soziales Lernen am Fachbereich Psychologie der Universität Hamburg, Arbeitsschwerpunkte: Ausbildung von Beratungslehrern, schulinterne Lehrerfortbildung, Organisationsentwicklung. 1983 längerer Forschungsaufenthalt am Center on Organization Development in Schools der University of Oregon (USA). 1985 Promotion über Organisationsentwicklung im Schulbereich (Arbeit mit Lehrerkollegien), ab 1986 Beruftstätigkeit als interner Organisationsberater, Trainer und Personalentwickler in der Wirtschaft, seit Oktober 1991 Leiter der Zentralen Weiterbildung der Schering AG in Berlin.

Christian Hirt, lic. phil. I, (1961)

Aufgewachsen in Zürich. Studierte Pädagogik, Informatik und Angewandte Psychologie an der Universität Zürich.

Beruflicher Werdegang:

1987-1990 Freier Mitarbeiter an der Erziehungsberatungsstelle des Pädagogischen Institutes der Universität Zürich.

1988 Lehrbeauftragter für Informatik an der Berufsschule für Weiterbildung, Abteilung Erwachsenenbildung.

Weitere Tätigkeiten:

Bildungsberatung in der beruflichen Aus-, Weiter- und Fortbildung.

Begleitung, Entwicklung und Evaluation von Bildungskonzepten.

André C. Wohlgemuth

Das Beratungskonzept der Organisationsentwicklung

Neue Form der Unternehmungsberatung
auf Grundlage des sozio-technischen Systemansatzes

Schriftenreihe des Instituts für betriebswirtschaftliche Forschung
an der Universität Zürich, Band 40

3. Auflage, 267 Seiten, 59 Abbildungen,
kartoniert Fr. 38.– / DM 46.– / öS 359.–
ISBN 3-258-04391-4

Haupt

Bruno Krapf

Aufbruch zu einer neuen Lernkultur

Erhebungen, Experimente, Analysen und Berichte
zu pädagogischen Denkfiguren

3. Auflage,
264 Seiten, 35 Abbildungen, 9 Tabellen,
kartoniert Fr. 46.– / DM 52.– / öS 406.–
ISBN 3-258-04935-1

Haupt

Franz Biehal (Hrsg.)

Lean Service

Dienstleistungsmanagement der Zukunft
für Unternehmen und Non-Profit-Organisationen

2. Auflage,
195 Seiten, 45 Grafiken, 20 Abbildungen,
gebunden Fr. 53.– / DM 59.– / öS 460.–
ISBN 3-258-04922-X

Haupt

Friedrich Glasl

Konfliktmanagement

Ein Handbuch für Führungskräfte und Berater

Organisationsentwicklung in der Praxis, Band 2
4. Auflage, 464 Seiten, 13 Tabellen, 39 Grafiken,
gebunden Fr. 108.– / DM 120.– / öS 936.–
ISBN 3-258-04898-3

Haupt